新・保育環境評価スケール①
● 3歳以上

テルマ ハームス＋リチャード M.クリフォード＋デビィ クレア［著］
Thelma Harms + Richard M. Clifford + Debby Cryer

埋橋玲子［訳］
Uzuhashi Reiko

ECERS-3

Early Childhood Environment Rating Scale®
Third Edition

法律文化社

2016年 第2回 ECERS National Conference 会場にて（アトランタ）
左よりリチャード M. クリフォード博士、テルマ・ハームス博士、デビィ・クレア博士、埋橋玲子

EARLY CHILDHOOD ENVIRONMENT RATING SCALE®, Third edition
by
Thelma Harms, Richard M. Clifford, and Debby Cryer

Copyright © 2015 by Thelma Harms, Richard M. Clifford, and Debby Cryer

First published by Teachers College Press, Teachers College,

Columbia University, New York, New York USA. All Rights Reserved.

Japanese translation rights arranged with Teachers College Press, New York

through Tuttle-Mori Agency, Inc., Tokyo

ERS® and Environment Rating Scale® are registered trademarks of Teachers College, Columbia University

はじめに

　ECERS（読み：エカーズ）とは*Early Childhood Environment Rating Scale*の略称で、1980年にアメリカで開発された保育の質を総合的に測定するスケールです。1998年に改訂版のECERS-R、2005年にはアップグレード版が発行されました。本書は、それに続くもので1998年の改訂版以来の大きな改訂版である第3版、つまり2015年に発行されたECERS-3の日本語訳です。

　ECERS-R（1998）の日本語訳『保育環境評価スケール①幼児版』(2004)は、刊行以来『保育環境評価スケール②乳児版』とともに、日本の保育現場でも使われるようになりました。訳者である私は、スケールを用いて午前中に約3時間の共同観察を行い、午後は結果の検討を行うという形のコンサルティングを十数年にわたり続けています。

　スケールを用いて「点数をつける」という行為は、保育という営みにはそぐわない、なじみにくいものにみえるかもしれません。しかし実際には、項目や指標をもとに保育を「みつめる」ことは自らの保育を問い直すことであり、「なぜその点数になったか」の根拠を示すことは、とりもなおさずその保育者の「保育に対する思い」の発露であり、スケールの使用は保育に対する1人ひとりの保育者の「語り」を生むものでした。スケールを使った人からは、しばしば「点数は問題ではない」という言葉が出てきました。

　時は流れ、1998年当時より保育をめぐる状況が変わり、多くの新たな研究が生まれ、あるいはスケールが実践のなかで多くの人々により「揉まれ」、国際的な幼児教育の潮流も踏まえて、ECERSは改訂されました。改訂版ECERS-3の内容は、正直なところECERS-Rで使いづらかった点が改善され、「保育者と子どもの関わり」と「関わりを通して育まれる子どもの学びに向かう力」が強調されるものとなっていました。

　これは個人的な見解ですが、ECERS-3の内容は日本の幼児教育がめざそうとする方向とかなりの部分重なるのではないでしょうか。また、日本の保育で大切にしてきたことにスケールという「物差し」をあててみると、何を大切にしてきたかが浮き彫りになるともいえるでしょう。スケールでは測りきれないものもみえてくることでしょう。

　2015年のアメリカでのECERS-3の発行を受け、1年後の2016年に本書を出版しました。その後増刷を重ね、今回第8刷となりました。現場での評価実習に加え、オンラインによるスケールのレクチャーを定期的に開催しています。大規模な調査研修にも使われるようになりました。2025年3月には解説書が発行されます（出版社：学研）。社会的に「保育の質の評価」への関心が高まる風潮にあり、本書に対しても関心が高まってきたと感じています。

2024年12月

埋　橋　玲　子

ECERS-3 日本語訳の出版に寄せて

　一連の保育環境評価スケール（ERS=Environment Rating Scales）の筆頭著者として、ECERSの第3版であるECERS-3日本語版が出版されることは、私にとっての大きな喜びです。私たち3人の著者は、訳者の埋橋玲子博士とスケールを通して長く親交を結んできました。

　保育の質の評価尺度を翻訳することは大変な仕事です。それは幼い子どもの発達的ニーズについての知識だけでなく、集団による保育や教育についての広い見識を必要とし、異なる文化や社会を背景としたときの集団保育の異なる点と共通する点を過不足なく見極めることが必要になります。そのような困難を乗り越えつつ、ECERSをはじめとする保育環境評価スケールはアメリカだけでなく、20を超える世界の国々で使用され多くの研究を生み出し、現場の保育の質の向上に貢献してきました。

　オックスフォード大学のキャシー・シルバー教授を中心としたネットワーク International ECERS Meetingは、回を重ね2016年で18回を迎えました。毎年ヨーロッパで開催地を変え、ドイツ、ポルトガル、オランダ、ギリシャ、デンマーク、カナダ、シンガポール、ベトナム、日本と、各国からの研究者や政策担当者が集います。参加者の発表により、各国でECERSをはじめとするスケールがどのように調査研究および保育の質の向上に向けて使われているかを知ることができます。それは私たち著者にとってもこの上ない喜びです。

　このECERS-3が『新・保育環境評価スケール①3歳以上』として訳出されることを、他の2人の著者、リチャード M. クリフォード博士とデビィ・クレア博士とともに嬉しく思います。今後、日本において研修や研究の場で多くの実りを生むことを楽しみにしております。

テルマ・ハームス（博士）

謝　　辞

　ECERS-3の上梓にあたり、著者一同、多くの人々からいただいたお力添えに感謝します。評価スケールを手がけた当初から、保育現場の方々、子どもの発達や幼児の学びの環境の専門家の方々から、多くの示唆を得ました。ウェブサイトには、数種類ある環境評価スケールについて、文字どおり何千もの考えを深めていくうえで多くの参考となるコメントや質問が寄せられました。さらに、研究とトレーニングを進めるなかで、多くの同僚との共同作業を行いました。これらの経験の1つひとつが、乳幼児期の環境というものが、発達の全領域にわたってどのように影響を与えるかという私たちの見解を形作っていきました。1人ひとりの方にお礼を申し上げることは不可能ではありますが、私たちにいろいろな形で貴重なご意見をくださったことにまず感謝を申し上げます。アメリカ国内だけではなく、世界各国で研究や保育の質の向上のためにECERSを用いる人々のご意見からも、私たちは質に関する理解を深めてまいりました。以下のとおり、謝意を表します。

- 長年にわたるトレーニングとデータ収集の結果から得られた知見をともに深めたERSI（= Environment Rating Scales Institute）の同僚のみなさん。特に、Cathy Riley、Tracy Link、Lakeisha Neal、Lisa Waller、そして一緒に働いてくれたコンサルタントのみなさん。
- 指標と項目を見直すにあたりECERS-Rの大量のデータの処理と調査の実施にご尽力くださったノースカロライナ大学チャペルヒル校FPG子ども発達研究所の研究者のみなさん。特に、John Siders、Jen Neitzel、Stephanie Reszka。
- 改訂に際し多くのデータを提供してくださった、FPG子ども発達研究所のDonna Bryant、Noreen Yazejian、Ellen Peinsner-Feinbergをはじめとする研究員のみなさん、そして他の研究機関のみなさん。全国幼児教育研究所（Rutgers）のSteve BarnetとEllen Frede、ノースカロライナ大学グリーンボロ校のDeborah CassidyとLinda Hestenes。
- フィールドテストでのタブレットPCデータ収集用ソフトウェアを用意し、データ分析にあたっても大きな働きをしてくれたBranagh情報グループのみなさん。特に、Mark BranaghとMary Frances Lynchに特別な感謝を捧げます。
- ECERS-3のフィールドテストにあたり、非常に有能な研究のコーディネーターそしてデータ分析者であったBud HarrelsonとDari Jigjidsuren。お2人なしにはこの研究は成立しませんでした。
- 2件のフィールドテストに際し、時間と労力を費やしてECERS-3の信頼性の調査にご協力くださった機関と個人のみなさん。ジョージア保育部局（Melessa Davis、Denise Jenson、Nakilia McCray、Margrett Stephens）、タラン大学（Angela Keyes、Faith Boudreaux）、ペンシルベニア・キィ・ツー・クオリティ（Jill Kortright、Angela Mamrack、Bobbi Philson）、先に挙げたERSIのみなさんとその他の方々（Rogers Hewitt、Janine Joseph、Gail Lindsey、Judy Scott）。
- キャシー・シルバー教授（オックスフォード大学）とECERS国際ネットワークのみなさん。みなさんの広く多様な国際性のもとでのECERSの使用における閃きと洞察は、ECERS-3への改訂にあたり多くの示唆を与えてくれました。
- ECERSを翻訳し多くの言語で使えるようにしてくれた同僚や翻訳者の方たち。みなさんのおかげで文化と民族の多様性のなかで学びの環境について捉え直し、検証を行ううえで刺激を与えられました。
- 新版の出版にあたりご尽力いただいたTeachers College Pressの編集者やスタッフの方々。みなさんの励ましとサポートにより、私たちは前進し続けることができました。
- 私たちを園や保育室で快く迎えてくださった先生方や役職の方々、とりわけ2013・2014年に先行研究

にご協力いただいた方々。

2014年

Thelma Harms（テルマ・ハームス）
Richard M. Clifford（リチャード M. クリフォード）
Debby Cryer（デビィ・クレア）

目 次

はじめに
ECERS-3 日本語訳の出版に寄せて
謝　辞

解題：6サブスケールと35項目の意味
使用の手引き
　　評　定
　　スコアシートとプロフィール
　　スケールの用語解説

新・保育環境評価スケール①〈3歳以上〉

評定項目と注釈……………………………………………………… 1
　　空間と家具　　2
　　養　護　　16
　　言葉と文字　　24
　　活　動　　34
　　相互関係　　56
　　保育の構造　　66

スコアシート〈3歳以上〉……………………………… 73

プロフィール……………………………………………… 83

付録1▶園内（公開）研修の手引き……………………………… 84
付録2▶共同観察シート（観察者間信頼性確認）……………… 85

解説：新・保育環境評価スケール〈3歳以上〉（2015）について
　　——ECERS-R から ECERS-3 へ——……………………… 87

訳者あとがき

解題：6 サブスケールと35項目の意味

サブスケール1 ▶ 空間と家具 …… pp. 2～15
　　子どもの遊びと幼児期にふさわしい学びを支える室内空間を魅力的に構成する

1. 室内空間　気持ちの良い生活ができる
2. 養護・遊び・学びのための家具　安心し、楽しく過ごせる
3. 遊びと学びのための室内構成　好きな遊びを選び、じっくり取り組む
4. ひとりまたはふたりのための空間　ひとりで落ち着く、または共に考え深めつづける
5. 子どもに関係する展示　自ら気づき、振り返り、他の人と興味関心を分かち合う
6. 粗大運動遊びの空間　身体を十分動かして充実感や満足感を得る
7. 粗大運動遊びの設備・用具　適切な活動を選び、進んで運動する

サブスケール2 ▶ 養　護 …… pp.16～23
　　子どもの安心・安全を確かなものにする

8. 食事／間食　食べることを楽しむ
9. 排　泄　自分で用を足せる
10. 保健衛生　自分の身体を大切にする気持ちをもつ
11. 安　全　安全に気をつけて行動する

サブスケール3 ▶ 言葉と文字 …… pp.24～33
　　子どもが喜んで話し、文字に出合い、知りたくなるように助ける

12. 語彙の拡大　未知の言葉と出合い獲得する楽しさを感じる
13. 話し言葉の促進　よく聞いてもらって、話す楽しさを知る
14. 保育者による絵本の使用　絵本を読んでもらって共に楽しんだり、うれしい気持ちになる
15. 絵本に親しむ環境　絵本の楽しさ、探す・知る喜びを味わう
16. 印刷（書かれた）文字に親しむ環境　文字の意味や役割、必要性がわかる

サブスケール4 ▶ 活　動 …… pp.34～55
　　子どもがものに触れ、関わり、操り、つくり出し、夢中になることを支え、学びに向かう力を育てる

17. 微細運動（手や指を使う）　手や指を使い集中して遊ぶ
18. 造　形　作ったり描いたりしてさまざまな表現を楽しむ
19. 音楽リズム　感じたことや考えたことを音や動きで楽しむ
20. 積み木　構成を楽しみ、思いを表現し、友だちと共有する
21. ごっこ遊び（見立て・つもり・ふり・役割遊び）　イメージを形にして楽しみ、友だちと共有する

22. 自然／科学　自然に触れ、好奇心や探求心をもつ
23. 遊びのなかの算数　遊びや生活のなかで数・量・形に親しむ
24. 日常生活のなかの算数　生活の必要に応じて数量などに親しむ
25. 数字の経験　数字の意味に気づく
26. 多様性の受容　人には違うところと同じところがあることに気づく
27. ICTの活用　テクノロジーで遊びや生活の幅を広げる

　　サブスケール5 ▶ **相互関係** …… pp.56～65
　　　気持ちが受容され、伝え合いをし、新しい考えを生み出すことを支える

28. 粗大運動の見守り　身体を動かすさまざまな活動を十分に楽しむ
29. 個別的な指導と学び　1人ひとりの特性に応じた指導に支えられて学びに向かう
30. 保育者と子どものやりとり　子どもが尊重され、認められ、支えられる
31. 子どもどうしのやりとり　他の幼児の考えや感じ方に触れる
32. 望ましい態度・習慣の育成　自分でしなくてはならないことを自覚して行う

　　サブスケール6 ▶ **保育の構造** …… pp.66～71
　　　子どものよりよい生活を支えるクラスルーム・マネージメント

33. 移行時間と待ち時間　子ども自身が生活の見通しをもてる
34. 自由遊び　活動を楽しむなかで、自分で考えたり助けを得たりして自分で行う
35. 遊びと学びのクラス集団活動　他の幼児や保育者と親しみ合い、支え合う

使用の手引き

1．このスケールは、3歳から5歳の子どもの1つのクラスまたはグループに対して、一度に用いるようにデザインされています。子どもの75％以上が3歳以上であるならば、このスケールを使ってください。これより年齢が低い場合はITERSを使ってください。特に断りがない限り、どの指標もすべての子どもを念頭においています。とはいえ、与えられた環境でひとり残らず同じ経験をしなくてはならないということではありません。実際に何が起きていて、その経験は同じクラス／グループにいる子どもにとっても同様に起こりうるかどうかということを考慮して観察をしなくてはなりません。

2．連続して最低3時間の観察をしなくてはなりません。場合によっては、**必要に応じて遊具／教材や粗大運動の場所について観察時間を追加**することもあります。観察は、登園・降園時間を除いてほとんどの子どもが出席している時間に行いますが、保育時間が3時間より少ない場合は登園・降園時間も含めて観察します。登園から降園まで通して3時間に満たない場合は全部を観察します。

　3時間とは、その時間内に起きたことですべての項目と指標の評定が決まるという"タイムサンプル"です。たとえば、3時間のタイムサンプルのなかで全く自由遊びの時間がなかったとすれば、自由遊びが前提となる指標については満たしていない（1点のレベルで「はい」、3点以上のレベルで「いいえ」）ことになります。同様に、この3時間内に粗大運動遊びが観察されない場合、粗大運動遊びに関するすべての指標に評点は与えられません。保育室で以下の観察手続きは厳守されなくてはなりません。

- 観察は、子どもの数が最も多く活動的な時間帯に行わなければなりません。
- もし早めに到着してクラス担任と子どもが揃っていないようであれば、少なくとも子どもの半数が出席するまで観察開始の時間を遅らせ、3時間の観察を始めます。開始までの時間に遊具／教材を調べたり、粗大運動遊び空間について調べたりしましょう。
- たとえば、タイムサンプルのなかでは起きていないルーティンを観察したり、3時間のうちには子どもが使うことのできなかった設備備品を詳細にみるなど、時間内にはできなかった観察をするために滞在を延長することはできます。また、観察時間内にはよくわからなかった粗大運動遊びの空間や固定設備も観察するべきです。とはいえ、タイムサンプルの3時間が終了した後の観察のときに発生した評定の証拠（相互関係や活動など）については評定の対象にしません。
- 評定中に保育者への質問はしません。すべての評点は観察に基づきます。ただし、観察の前に、スコアシートの表紙にある事項については記入をしておかなくてはなりません。これらの予備的知識が評定とクラスの保育の特徴を示すときに必要になります。
- 観察の対象となったグループが移動するときには追いかけていきます。もしクラスが2〜3のグループに分割されるようなら、そのうちの1グループを追ってそのグループ内の子どもたちの経験について評点をつけます。たとえば、もしクラスの半分が外遊びに出ていき、半分が室内で活動するのであれば、どちらかに入ります。その2グループはそれぞれ異なる経験をするけれども、評点は自分が入ったグループの活動に基づいてつけます。
- 典型的には観察は午前中（8：30〜11：30または9：00〜12：00）に行われます。とはいえ、観察を全うするのに最良の時間を決めるために、訪問に先立って最適の時間帯について打ち合わせをしておくことがよいでしょう。半日プログラムで、3時間より短時間でない限り、登園・降園の時間を除いて出席人数が最も多い時間帯に観察は行われなくてはなりません。もし保育時間が3時間未満であれば、基準となる「使える時間（accessibility）」を20分に短縮します。

- クラス全員が経験するのではない特別の活動については観察をしません。たとえば、通常のクラス活動に含まれない、保護者が注文したダンスや体育、コンピュータといったお稽古事のことです。

3．園に到着したとき、あるいは観察が始まる前にスコアシートの表紙の情報をできるだけ集めておきます。職員の方に質問しなくてはならないでしょう。必ずすべての情報を記入しておいてください。

4．スケジュール観察は次のようなクラスでのいろいろな活動に子どもが携わっている時間の総量を計算して決めます。
- 子どもはいつ、どのように特定の遊具／教材を使うか
- もしあれば、待ち時間
- 集団活動の時間
- トイレや昼食／間食のようなルーティンはいつあるか
- 粗大運動遊びの時間

保育室に入ったその時に**スケジュール観察**を始めます。3時間中、子どもがそれぞれの記録時間内で何を経験しているかを書き留めながら、時間を記録し続けます。たとえば、8：36に入室し、子どもがサークルタイムの始まりを待っていたり、間食の時間であったり、あるいは一部または全部の遊具／教材で自由に遊んでいるとすれば、観察時間にこのことを記入し、子どもがどんなことをしているかを書き留めます。子どもが使う遊具／教材は偏っているかもしれないことに留意しましょう。

保育者の話しかけや振る舞いのような、相互関係の例が必要であるものについては、その例が見つからなければ観察がすべて終わってから評点を定めます。特に根拠が求められないものについては3時間の観察が終わるまでには評点を定めます。

必要な時間が子どもに与えられているかどうかを計算するには、デジタル時計を使うのがベストです。必要な時間が最小限のものであっても、秒単位で測ることはむずかしいために時間計測のミスは起こりうるので、2分までは例外として認めます。ただし2分より大きなずれは必要な時間の基準に達したとは認められません。

5．観察の間には子どもが使う空間を巡っていくことが必要になります。これは遊具／教材や相互関係について正確に評定するためです。保育者や子どもが会話やその他のときに何を言っているかを聞き取りましょう。食事／間食、トイレ、サークルタイムのように、その時でないと観察できないことについてはしっかりと注意を払いましょう。

観察時間中に適切に振る舞うために、以下の**観察ガイドライン**に従ってください。

【できるだけ周囲に影響を与えない】
- 観察中、保育者は子どもに関わっているので、話しかけたり、質問をしたりしてはいけません。クラスに関して必要な情報は入室前に集めておくか、質問をするなら入室した直後にします。保育者が保育に専念できるように、タイミングを見はからって情報を得ます。
- 観察者として、子どもには自分に近寄らないことを伝えます。遊んでいるようすを見に来た、とか今は仕事中と言えるでしょう。活動の中に入って行ったり、やりとりをしたりしてはいけません。
- いずれにせよ進行中の活動を妨げてはなりません。部屋の境界あたりに位置し、できるだけ目立たず、しかし正確な評定に必要な証拠を集めるために適宜移動しましょう。
- 進行中の活動の邪魔にならないようなら、床や椅子の上に座っても構いません。しかし遊具棚やテー

ブル、子どもの机上遊びの近くの椅子、大型遊具に腰かけてはいけません。
- 子どもやおとなの通り道をふさがないように動きます。周囲で何が起きているか常に注意深くあらねばなりません。
- 集団に影響を与えずに開放棚にあるものを観察します。引き出しやキャビネットの中、あるいは子どもの手が届かないとか子どもが使っていないような閉ざされた場所をのぞいてはいけません。
- 子どもの手の届くところにバッグなどを置いてはいけません。保育室内に置かないのがベストです。
- 携帯電話は緊急事態でない限り電源を切っておきましょう。
- 他の観察者がいるなら、観察中に話をすることは避けましょう。
- 自然な表情を保ち、子どもや保育者が観察者の反応を気にすることがないようにしましょう。
- スケールでの観察をする人は、必ず入室する前に手洗いもしくは手指消毒をします。

6．スケールを終えるために時間を有効に使いましょう。園を後にするときには全指標・項目が評定されていなくてはなりません。観察者は評定をする根拠を見つけるのに時間を費やすべきであり、根拠を見つけてチェックを入れることは、後で判断するために膨大なメモを取るよりも重要です。観察中に判断の根拠となることがらをスコアシートに記入しましょう。保育者がある種のコメントをすることが最低1回求められるなら、憶測で評定をしたのではないことを明らかにするために、その例についてメモをしておきます。もしその例が観察されなかったら、評点は与えられません。

◆評　定

1．スケール全体を、項目と注釈の部分とともに注意深く読んでおきましょう。正確であるためには、項目の中の指標に基づいた評定を行わなくてはなりません。
2．正確な評点を得るために、観察時間中にはスケールを常に参照しましょう。
3．指標に関して、例示されたものではなくても内容に沿って同様のことがあれば、その指標について評定ができます。
4．評点は観察された現在の状況に基づいて決められます。
5．項目の評定を行うとき、常に"1（不適切）"の指標からスタートし、上位に進んでいき、それぞれの指標について「はい」か「いいえ」を判断します。
6．評定は次のようにして決められます。
    - もしひとつでも"1"の指標に「はい」があれば＜1＞とします。
    - "1"の指標がすべて「いいえ」で、"3"の指標の半分以上が「はい」であれば＜2＞とします。
    - "1"の指標がすべて「いいえ」で、"3"の指標の全部が「はい」であれば＜3＞とします。
    - "3"の指標がすべて「はい」で、"5"の指標の半分以上が「はい」であれば＜4＞とします。
    - "3"の指標がすべて「はい」で、"5"の指標の全部が「はい」であれば＜5＞とします。
    - "5"の指標がすべて「はい」で、"7"の指標の半分以上が「はい」であれば＜6＞とします。
    - "5"の指標がすべて「はい」で、"7"の指標の全部が「はい」であれば＜7＞とします。
    - 「無回答（NA＝Not Applicable）」の適用は、スケールやスコアシートに無回答可と書かれている指標または項目に限られます。無回答可と記された指標や項目は計算の対象としません。

7．サブスケールの平均点を出すには、サブスケール内の項目の評点を合計して、評定した項目数で割ります。全体の中央値は全部の項目の評点を合計して、評定した項目の数で割ります。

項目の評点を定めるのに、必ずしも全部の指標について見なくてもよい場合がありますが、スケール

を使うときは全部の指標について見ておくことを強くお勧めします。そうすることで質の向上のための情報が得られ、助言もしやすくなります。さらに、完全な情報を得ることでデータ分析と調査が可能になります。また見逃しの問題も減じます。最近になってECERS-Rについてはすべての指標のデータを用いて別の方法で評定する方法が開発されました。近いうちに、ECERS-3についても同様の方法が開発されることが予期されます。

◆スコアシートとプロフィール

スコアシートは指標と項目の両方で使います。指標は「はい」「いいえ」「無回答」（明示されている場合のみ）のいずれかにチェックを入れます。項目の評点は1（不適切）から7（とてもよい）までか、「無回答」（明示されている場合のみ）になります。それぞれの指標の正しいボックスにチェックを入れるよう、注意します。計算で得られた項目の評点にはっきりと丸をつけましょう。

この版ではスコアシートはワークシート【訳注：記録用紙】としても使えます。メモだけではなく、質問や図、その他観察中に集められた特定の情報がたどれるようになっています。たとえば、子どもサイズの椅子やテーブルの数、手洗いがきちんとされた回数、またいろいろな遊具／教材の種類や個数が記録できてスコアシート上で計算ができるようになっています。

83頁のプロフィールでは全項目とサブスケールの結果が一覧できるようになっています。長所と短所が一目でわかり、どのサブスケールと項目を改善のための目標とすればよいか選べます。サブスケールの中央値も示されます。また、最低2つの観察結果を記入でき、変化をみることができます。

◆スケールの用語解説

1. **使える**（accessible）とは、子どもが遊具／教材、家具、設備その他に近よって手に取れたり使えたりするということです。手に取ったり使ったりすることに妨げがあってはなりません。家具が場所ふさぎをして遊具／教材に手が届かなくなっていたり、容器に入れられていて開閉が容易でなかったりというのは物理的な妨げです。「○○センターはお休みです」と保育者が告げたり、棚から○○は出してはいけないと教えられたり、居場所を決められて自由に遊びが選べなくなるのは、管理による妨げです。全員の子どもが遊具／教材を手に取れる、あるいは食事を終える・集団活動のとき・午睡中などですることが制限されているとき以外の時間がカウントされなくてはいけません。

- 特記されていない限り、観察時間中に使えることが観察で確認されないと評点はつきません。
- それぞれのレベルで一定の時間使えるようになっているかどうかを決めるには、3時間のタイムサンプルが使われなくてはなりません（表1参照）。時間延長は認められません。
- 子どもが、クラスの他の子どもが遊びを続けているのに特別な活動のために遊びの場を離れなくてはならないとき、たとえばセラピーやトイレにいく場合には、その時間は使える時間が継続しているとみなします。子どもが他の子どもは行かないクラスに行くようなとき、たとえば保護者が経費を払って参加させているコンピュータや体操などの教室に行く場合も同様です。
- 項目の中に特記されていない限り、求められるすべての遊具／教材は、求められる時間については使えるようになっていなくてはなりません。
- 観察は、全日プログラムであれば大概は午前中ですが、ほとんどの子どもが出席しており、最も活動が活発に行われているときに実行されなくてはなりません。

遊具／教材が使えるというのは、一定量の時間どの子どもも使わなくてはならないということではなく、使いたい子どもにはしかるべきチャンスがあって使える、ということです。たとえば、ある場所は使える人数の制限があるかもしれないし、1日のうち限られた時間しか使えない場所があるかもしれません。遊具／教材が使えると判断されるには、年少児の立場にならないといけません（3歳）。4・5

歳の子どもなら、狭いところに遊具／教材が収納してあっても、子どもが自由に出し入れできることが観察された場合にのみ、使えると判断します。一般的に、最低限（3）のレベルでは、使えるうちに数えられる遊具／教材は、3時間の観察中に最低25分は使えるようでなくてはなりません。それ以上のレベルで特に何も書かれていなければ「使える」というには25分が求められます。この時間の量は一度にまとまっている場合と、何回かに分かれている場合があります。高いレベルの質では（5か7）3時間のうちに1時間は使えるというのが求められます。保育時間が3時間以内であれば割合に応じて以下の表にあるように基準を変えます。

表1　保育時間が3時間以下の場合のタイムサンプル

	1時間	1.5時間	2時間	2.5時間	3時間
1時間相当	20分	30分	40分	50分	60分
25分相当	10分	15分	15分	20分	25分

　しっかりと身体を動かす粗大運動は子どもの健康のために必要です。戸外で粗大運動ではない遊び（手や指を使う遊び、造形、本、その他）があったり、室内で粗大運動遊びをすることがあったりすれば、しっかりと身体を動かすことに必要な最低時間の量に付け加えて粗大運動ではない遊びができる時間がある場合に、それらの粗大運動ではない遊びに評点をつけることができます。

2．取り組む（engaged）とは子どもが興味をもち注意を向けていることです。行儀がよくても取り組んでいるとはいえないこともあり、それらは区別されないといけません。子どもは静かに座って先生の顔を見ていたとしても、興味を示していなければ、取り組んでいるとはいえません。子どもはいっとき興味を失っても（例．履物をさわる、おしゃべりをする）すぐに気を取り直すことがありますが、そのようなむらは取り上げません。長い間取り組もうとせず、しばしば保育者から否定的な反応があるというような場合は評定の際によく考慮します。

3．手の衛生。手洗いと手指消毒：子どもが2歳以上であれば自分で手洗いの代わりにできます。手指消毒は、使用法が守られ、子どもが正しく使っており液が飛び散ったり目や粘膜にかかったりしないよう近くで見守りがある限り、評点が与えられます。使用上の注意が守られているかを確認し、観察できなければ質問をします。見守りがなければ、この点に関して評定し、同様に安全と見守りの項目においても考慮します。
　手に目に見える汚れがあれば、正しいやり方で手洗いがされなくてはなりません。
　子どもが造形か感触遊びで素材に一緒に触るときは、必ず事前と事後に手を洗うか正しい使用法にのっとって手指消毒をしなければなりません。湿っていたり濡れていたりする素材は、乾いた素材より汚染されやすいものです。たとえばクレヨンを一緒に使っても手の衛生は問題になりませんが、粘土を一緒に使ったりフィンガーペインティングを一緒にしたりするときは、事前と事後に手の衛生が必要になります。同様に手の衛生は乾いた砂を触るときは事前には必要ありませんが（後では必要）、もし水が使われるのなら事前と事後に手の衛生が必要になります。
　【訳注：手の衛生についてはECERSでは特に厳しく扱っていることが特徴です。参考になるでしょう。日本での手洗いの基準は、厚生労働省がガイドラインを発行していますのでそちらを参照してください。】

4．個別に教える（individuarizend teaching）とは、以下のように、子どもの能力やニーズ、興味の幅に応じて対応することを含んでいます——サポートしたり励ましを与えたりする；子どものニーズと興

味に応じるために適切な方略を用いる；物事をやり遂げたり概念を学ぶことがどの程度できるかを見極める；学びの作業をやり遂げるなかでどの程度うまくできたかを測る。理想をいえば、これらは直接的に教えるというような形をほとんどとらずにインフォーマルな形で実践されます。観察時間全体を通して、保育者と子どもの何気ないやりとりについて注意深くあらねばなりません。小学校のように、全員が一斉に同じことをするのを期待すべきではありません。

　観察者は年長児や他の子どもより進んだ子どもが少しむずかしいことに挑戦するよう励まされているかをよく見なくてはなりません。小さなグループの中でも子どもの能力には違いがあることに留意しなくてはなりません。観察者は、保育者がそれぞれの子どもに対して真に応答的で適切な教え方をし、効果を上げているかどうかを見て取らなくてはなりません。たとえば自分の名前が書けるというような全員の子どもに共通した目標があるとしても、観察者はそれぞれの子どもに応じた内容が示されていて、それが子どもによってどれだけ達成されているかを見て取らなくてはなりません。

　一般的な自由遊びのなかで、つまり子どもが自分のできる程度に応じて遊具／教材を選んでいたら【訳注：それだけの遊具／教材が揃っていたら】、カリキュラムにある個別性（個に応じている）の重視が実践されているのを見て取ることができます。しかし、個別性というのは遊んでいるときの保育者とのやりとりのなかで、子どもが集団で教えられるときに幅広く遊具／教材を使えることと同様に、観察されなくてはなりません。保育者は４・５歳児に対してはより細かな微細運動の遊具／教材を使えるように、またより複雑な内容のことをするようにし、遊びのなかで数や文字に親しむことに多くの時間を使えるようにするべきでしょう。年少児であれば遊びについて保育者と会話したり、適度に挑戦できることがあるべきです。

5．**遊びの場**（play area）とは子どもが遊具／教材を使って遊べるスペースのことであり、**活動センター**（interest center）とは特定の遊びのために明確に区別された場所【訳注：コーナーなど】のことです。遊具／教材は種類別に分けて収納されていて、子どもが使えるようになっているものです。必要に応じて家具が使われ、遊具／教材に応じて、遊べる子どもの人数と適切な広さのスペースがあります。積み木遊びやごっこ遊びは動きが大きくなるので、他の絵本や科学、微細運動の遊びよりは広さが必要になります。"活動センター"の定義を満たしていなければ、"遊びの場"としてのみ評点がつけられます。"活動センター"は特定の遊びに特化しており、明確に区別されます。多少の遊具／教材があるだけで特定の活動をするにはふさわしくない場合には、それらが特定の活動の意図を損なっていない限り評点を与えるものとします。たとえば、その特定の遊びに必要とされているスペースをふさいでしまわなかったり、適切な音量に影響を与えていない場合です。

6．**消毒**（sanitizing）と**殺菌**（disinfecting）。細菌やウィルスを除去するについて、*Caring for Our Children*によると、"清拭（cleaning）"とは石鹸と水を使ってこすることで汚れや汚染を物理的に除去して乾いたときに表面がきれいになっていることをいいます。"消毒"とは物の表面から安全なレベルまで細菌やウィルスが除去された状態をいいます。"殺菌"は物の表面からすべての細菌やウィルスが除去された状態をいいます。食べ物が接する面や口に入るようなものは消毒されないといけません。殺菌はおむつ交換台、トイレ、食べ物を扱う台、ドアやキャビネットの取っ手に限って行われます。すべての消毒・殺菌は取扱説明のとおりにしなくてはなりません。消毒・殺菌は説明書に沿って用意されなくてはなりません。一般的に、漂白剤を水で薄めて消毒や殺菌に使うときには、特に説明書にない限り、２分放置されなくてはなりません。

7．**保育者**（staff）とは全般的に子どもと直接関わるおとなをさします。複数の保育者がいる場合には、

ひとりに注目するのではなく、複数の保育者から子どもが受ける影響を考慮して評定をします。たとえば、ひとりの保育者が雄弁であり別の保育者はそれほどでもない場合、子どもは保育者全体からどの程度言語的な情報を受けているかをみます。

相互関係について触れているすべての項目の中で、"保育者"とは、保育室で毎日（あるいはほぼ毎日）、1日の大半を子どもと関わっているおとなのことをさします。もし決まった時間に入るボランティアがいれば、その人も含みます。1日のうち短時間だけ、あるいは不定期に入ってくる人は評定の対象としません。たとえば、セラピストや保護者、園長などがクラスに入ってくるとすれば、よほど問題のある接し方をしていない限り、その人たちの子どもとの相互関係を評定の対象とはしません。例外として、保護者の共同運営や実験校のように、日によって保育者が変わることが通常のパターンであれば、これらの助手的な立場の人も保育者とみなします。

8．**教える**（teaching）とは、保育者が子どもに情報を与えたり、子どもの学びや思考を促進したりするような、保育者と子どもの教育的な相互関係を意味します。それはフォーマルな形態【訳注：サークルタイムやクラス集団活動】かインフォーマルな形態【訳注：自由遊びのときや個人的な対応】か、あるいは計画のあるなしに関わりません。もし保育者と子どものやりとりがなければ、活動の他の要素からよく学んでいるとしても—他の子どもとのやりとり、探索と実験、その他の経験—子どもに教えているとはいえません。教えることは集団活動、自由遊び、ルーティン、移行時間のいずれのときでも起こります。子どもが目覚めている間は、いつでも教える機会はあります。

9．**通常**（usually）と**全般的**（generally）の用語は、保育全般に関していえば75％を意味します。ただし、相互関係に関する指標の場合はごく少数の例外を除いてということになります。

10．**天候が許す限り**という用語は、子どもが外遊びに出ていくことに関係する項目の中で使われています。"天候が許す限り"というのは、雨天、異常に気温が高いか低く警告が発令、健康問題を引き起こしそうな高レベルでの大気汚染があるために室内で過ごすよう公共放送があるなどの場合でない限り、ほとんど毎日、ということを意味しています。子どもは適切な服装をして、ほぼ毎日戸外に出されなくてはなりません。これは、日中天候が悪化するようであれば早めに外に出すという、日課の変更を伴う場合があります。あるいは芝生が濡れているようであれば長靴をはかせて着替えを用意しなくてはならないかもしれません。悪天候の後には、子どもを外に行かせる前に屋外の遊び場を点検し、設備を拭いたり、水を掃き出したり、水たまりを必要に応じてブロックするなどの処置が必要です。デッキやパティオなどのように雨水がしのげるような設備があれば、天候が許す限りということにもより対応しやすくなります。

> 訳者追加；指標で示されている「例」は、あくまで判断の参考としての例示です。例示されていることが求められているのではありません。

新・保育環境評価スケール①〈3歳以上〉
評定項目と注釈

【項目一覧】

サブスケール1 ▶ 空間と家具 ── 2
1. 室内空間　2
2. 養護・遊び・学びのための家具　4
3. 遊びと学びのための室内構成　6
4. ひとりまたはふたりのための空間　8
5. 子どもに関係する展示　10
6. 粗大運動遊びの空間　12
7. 粗大運動遊びの設備・用具　14

サブスケール2 ▶ 養　護 ── 16
8. 食事／間食　16
9. 排　泄　18
10. 保健衛生　20
11. 安　全　22

サブスケール3 ▶ 言葉と文字 ── 24
12. 語彙の拡大　24
13. 話し言葉の促進　26
14. 保育者による絵本の使用　28
15. 絵本に親しむ環境　30
16. 印刷（書かれた）文字に親しむ環境　32

サブスケール4 ▶ 活　動 ── 34
17. 微細運動（手や指を使う）　34
18. 造　形　36
19. 音楽リズム　38
20. 積み木　40
21. ごっこ遊び（見立て・つもり・ふり・役割遊び）　42
22. 自然／科学　44
23. 遊びのなかの算数　46
24. 日常生活のなかの算数　48
25. 数字の経験　50
26. 多様性の受容　52
27. ICTの活用　54

サブスケール5 ▶ 相互関係 ── 56
28. 粗大運動の見守り　56
29. 個別的な指導と学び　58
30. 保育者と子どものやりとり　60
31. 子どもどうしのやりとり　62
32. 望ましい態度・習慣の育成　64

サブスケール6 ▶ 保育の構造 ── 66
33. 移行時間と待ち時間　66
34. 自由遊び　68
35. 遊びと学びのクラス集団活動　70

サブスケール1 ▶ 空間と家具

項目 1　室内空間＊

〈不適切〉1

1.1　全員出席時に適切な養護が行えるだけのスペースがない（例：混みあっており保育者や子どもが自由に動けない；混雑で子どもの間にトラブルが起きる）。＊

1.2　適切な採光や換気がない、室温調整ができていない、また非常に騒々しい（例：温度についての不平が出る；騒々しく保育者等が大声になっている）。

1.3　全体的に修繕が不十分である（例：壁のペンキや表面素材の剥げ落ち、床の傷み、水漏れ）。

1.4　十分に清掃ができていない（例：床がべたついているか汚れている；家具等にこびりついたしみ）。

2

〈最低限〉3

3.1　子どもと保育者にとって、また養護・遊び・学びのための基本的な家具を置くに足りるスペースがある。＊

3.2　採光や換気、室温が適切で、声や物音は妥当である（例：保育者と子どもが声を張り上げていない；部屋が息苦しかったり鬱陶しい感じがしたりしない）。

3.3　部屋はおおむね修繕が行き届いている（例：けがや病気を引き起こしそうな大きな危険がなく、敷物のほつれや壁の縁板の多少の欠けというような些少の問題が少しはある）。＊

3.4　部屋は適度に清潔で清掃が行き届いている。

3.5　現在保育室を利用するおとなと子どもの全員の出入りに不自由がない。＊

4

〈よい〉5

5.1　子どもと保育者が自由に動き回れ、食事や集まりのときに十分なスペースがあり、自由遊びのときの活動にふさわしい空間がある。＊

5.2　窓や天窓を通して自然の光が入ってくる。

5.3　換気が調節可能である（例：窓が開く；調節できるファン）。＊

6

〈とてもよい〉7

7.1　自然光が調節できる（例：ブラインドやカーテン）。＊

7.2　障がいのある子どもやおとなが入室できる（例：必要な人が利用できる斜面や手すり付きの通路；車椅子や歩行補助器の人も入室できる；呼び鈴が小さなボタンではなくプレートである）。＊

7.3　室内の床や壁などの表面は耐久性があり、掃除・手入れがしやすい。

【注　釈】
*　観察時間中に子どもが使った空間に限って評定の対象とする。

1.1、3.1、5.1　"スペースがない"は基本的な養護と学びのために必要な家具を置くとほとんど余地がなくなる場合をさす。たとえば、物を自由に出し入れできる開放棚がほとんどなく、机がぎっしりと詰まっているような状態である。"足りるスペース"では、遊びと基本的な養護のための家具がほどほどに置いてあり、子どもと保育者がほとんど問題なく動けていれば、たとえ活動センターなどが多少混みあっているとか、あまりゆとりはないが椅子と机が不自由なく使えているというのであればよしとする。"十分なスペース"では、基本的な養護と遊びのために必要な家具が、個人用のロッカーや、少し特別な遊びのための家具、たとえば砂遊び用の台や木工台なども含めて無理なく置かれている。活動センターが混みあうことはまれで、サークルタイムなどで集まるとその場所はいくぶん混みあうとしても、全体としては十分な広さが感じられる。

3.3　この指標に関しては完全主義者になりすぎてはいけない。カーペットのささくれとか、床のタイルの欠けとか、展示物が剥がされて壁の塗料の剥げているところとか、そのような些細な問題を取り上げてはいけない。

3.5　もし現在部屋を使っているおとなと子どもの全員に不自由がなければ「はい」、また特別に設備が必要となる障がいのある人がいない場合も「はい」とする。

5.1　"十分なスペースがある"かどうかは、家具の置かれたところや子どもが集まるところを見る。たとえば、グループ全員が揃ったときに窮屈でないかどうかを見る。活動センターが混みあわず、何か棚のものを取ろうとするときに座っている子どものじゃまをしていないかどうかを確かめる。場所を移るときに通り道が狭くて行き来に問題が起きていないかどうかを見る。また、短いサークルタイムなど、短時間に全員が集まるときだけ混みあってその他のときは問題ないようであれば「はい」とする。

【訳注：5.1の注釈には「もし午睡が観察されたらそのときのスペースについても見て、およそ90cm離れて寝ているかどうかを見る」という記述が原文にあるが、これはアメリカでの保健の基準に基づいている。日本では現実的ではなく、諸外国でも午睡のときにそれだけのスペースは確保できていない例は珍しくない。したがってこの記述については訳出せず、日本版では考慮しない。】

5.3　もし窓／扉が換気のために開けられており、子どもが昇る危険性があるならば、網戸、柵など適切な転落防止策がとられていなくてはならない。換気の方法がそれしかなく、防止策がとられていないなら「いいえ」である。

7.1　自然光はたいていの場合調節されなくてはならない。ただし暑すぎるとかまぶしすぎて活動に影響が出るなど特段の問題がなければよしとする。

7.2　障がいのある子どもやおとなが建物・保育室、トイレや園庭に出入りをするには一定の設備が必要になる。通路の幅は最低80cm【訳注：日本の規準】、ドアの開け閉めは手に障がいがあっても困難がなく（レバーやバーなど）、通路の段差が問題のない程度でなくてはならない。階段を使う必要性がここでは考慮される。さらに、入り口についてはハンディキャップのある人にとっても問題がないものでなくてはならない（たとえば、ドアが、開けやすい押すだけの構造とか、出入りに制限があるときにドアフォンが使いやすいとか）。

【訳注：日本でも公共の建物にはバリアフリーが求められている。】

サブスケール1 ▶ 空間と家具

項目 2　養護・遊び・学びのための家具

《不適切》1
- 1.1 養護・遊び・学びのために必要な基本的な家具が十分にない（例：子ども全員が揃ったときに椅子が足りない；子どもが自由におもちゃを出し入れできる棚がほとんどない；子どもが自分の持ち物を入れておく家具がない）。
- 1.2 家具の修理などが十分でなく、子どもがけがをしそうである（例：ばねや金具がむき出しになっている；椅子の足がぐらついている；壊れたコット）。【訳注：コット＝簡易ベッド】
- 1.3 くつろげたり、安らげたりする家具がない（例：敷物がない；柔らかい家具がない）。

2

《最低限》3
- 3.1 養護・遊び・学びのための家具が揃っている（例：子どもは自分の持ち物をまとめて入れておける；おもちゃや本、他の教材を出し入れできる棚がある）。*
- 3.2 ほとんどの家具はしっかりしており、手入れがよい（例：ほとんど問題がないか、けがをする危険がない）。
- 3.3 障がいのある子どもには必要な家具がある（例：一緒にテーブルにつけるような専用の仕様の椅子；トイレの手すり）。　無回答可
- 3.4 子どもが遊んでいるときに使える柔らかい家具が少なくとも2つある。*

4

《よい》5
- 5.1 養護・遊び・学びのための家具が充実している（例：他の子どもの持ち物に触ることなく自分の持ち物を入れられる；混みあうことなくテーブルについて食事や作業ができる；遊具／教材等が棚に程よく収まっている）。*
- 5.2 椅子やテーブルが子ども用のサイズで、75％程度の子どもにとって適切な大きさである（例：椅子に深く腰をかけたときに床に足がつき、ひざがテーブルの下にあり、おおよそひじの高さにテーブル面がある）。
- 5.3 特定の活動専用の家具が2つある（例：描画のためのイーゼル、砂・水遊び用水槽テーブル、木工台）。*
- 5.4 柔らかさのある家具が相当量ある（例：マットレス；子どもサイズのソファー；複数の大きなクッション）。*

6

《とてもよい》7
- 7.1 養護のための家具が便利にできている（例：個人用持ち物棚、コット／寝具が室内にあって使いやすい）。*
- 7.2 特定の活動専用の家具が3つ以上ある。*
- 7.3 家具はどれも清潔でよい状態にある（例：柔らかい家具が傷んでいない；どの家具の表面も清潔で手入れが行き届いている）。

【注　釈】

3.1　遊びのための家具については、子どもが十分遊び込めるだけの遊具／教材の数があり、さらに、それらを収納できる子どもが自分で出し入れできる高さの開放棚が求められる。もし遊具／教材が不適切で、棚もあまり使われていなかったら「いいえ」とする。遊具／教材が、棚に詰め込まれていてはいけない。

日常の養護に関して、午睡のときの寝具については準備ができているようすが観察されたときに限って考慮する。午睡をする子どもの数に応じた寝具を想定すること。

3.4　床にカーペットが敷き詰められているのは2つの柔らかい家具とカウントする。

5.1　年間を通しての必要性を考慮して評定すること。たとえば、子どもの服入れなどについて、夏に観察したときには十分な大きさであっても、冬のかさばるコートなどが入ると重なり合うようであれば、充実しているとはいえない。同様に、17人定員のクラスで15人しか出席しておらず、15人分の椅子しかないようであれば「いいえ」となる。

5.3、7.2　たとえばキッチンセットが2つあるとか、砂箱が2つあるというように同じ遊びに用いられる家具が複数あるときは同じものとして1種類で数える。家具は、観察時間中に、たとえ実際には子どもが選んでいないとしても子どもが使える状態でなくてはならない。テーブルや椅子、低い開放棚のようなものは特定の目的で使用されていたとしても数えない。たとえばコンピュータが普通の机においてあってもその机をカウントしないが、コンピュータ用に作られた机であればカウントする。

5.4　"柔らかさのある"とは、保育室にありがちな硬さから逃れられるようなものを意味している。硬いところに触れなくてすみ、リラックスできる柔らかいものでおおわれたり、クッション性のある表面であったりしなくてはならない。"相当の柔らかさがある"例としては、敷物の上にいくつか大きな枕があるとか、ソファー、敷物の上の椅子（ひじ掛けが木製であっても）、小さなマットレス、敷物の上のビーズクッション（エアークッションではない）などがある。小さなクッション、敷物の上の小さな枕、スツールなどのようなものは対象としない。

7.1　"便利にできている"とは、個人用持ち物棚は子どもが使えるようになっていないといけない。持ち物棚やコット／寝具の出し入れのために保育室から出るようではいけない。

▲3.4　柔らかいシートにクッションが置いてある（豪州）

▲5.3　ラキュー用のテーブル（上）、イーゼル（左下）、水槽テーブル（右下）

サブスケール1 ▶ 空間と家具

項目 3　遊びと学びのための室内構成

〈不適切〉1
- 1.1　ほとんどの遊びの場は混雑していてうまく遊びが発展しない。＊
- 1.2　保育室内に子どもが自由に使えるように整えられた遊具／教材がほとんどない。
- 1.3　子どもが遊んでいるときに保育者が見守り適切に援助することがとても困難である（例：多くの子どもがしばしば見えなくなったり声が聞こえなくなったりし、保育者は子どもを見守りながら室内を回ることもしない）。
- 1.4　特別な配慮を要する障がいのある子どもが遊べる場がない。＊　無回答可

2

〈最低限〉3
- 3.1　少なくとも2か所の、遊具／教材に応じて異なる遊びの場があり、適切な広さがある（例：棚の中のものを取り出すのに椅子が妨げていない；活動的な遊びの場には広めのスペースがある）。＊
- 3.2　少なくとも条件が整った3つの活動センター【訳注：コーナー、ゾーン】がある。＊
- 3.3　保育者は最低限の見守りと援助ができる（例：何か問題が起きたときすぐにその場に行ける；室内を見回すと子どもが見える）。＊
- 3.4　特別な配慮を要する障がいのある子どもが遊べる場がある。＊　無回答可

4

〈よい〉5
- 5.1　遊びの場は区分されていて、通常、遊びが妨げられない。＊
- 5.2　少なくとも条件が整った5つの活動センターがあり、それにはくつろぎの場が含まれ、くつろぎの場は動きの多い遊びから守られている。＊
- 5.3　保育者はほとんど常にすべての子どもを視野に入れ、適切に見守る（例：もし子どもの姿が隠れてしまうようであれば、そこに近づいて安全を確認したり学びを促したりできる）。＊
- 5.4　特別な配慮を要する障がいのある子どもが室内のどこでも遊べる。＊　無回答可

6

〈とてもよい〉7
- 7.1　静かな遊びと動きの多い遊びの場は、家具で仕切られるのではなく、場所が離れている。＊
- 7.2　どの遊びの場も遊具／教材、設備等が便利にしつらえてある（例：造形、砂／水センターは表面が掃除しやすいところにあったり、流しがそばにあったりする；積み木センターは敷物があって騒音が出にくくなっている）。＊
- 7.3　より広いスペースが必要になるセンター（積み木、ごっこ遊び、人気があったり動きの多い遊び）は、遊びのタイプや参加する子どもの数に応じた広さがある。＊

【注 釈】

1.1、1.4、3.1、3.2、3.4、5.1、5.2、5.4、7.1、7.2、7.3　"遊びの場"とは子どもが遊具／教材を使って遊べるようになっている空間のことである。"活動センター"とは、特定の活動に焦点化された遊びのエリアをさす。遊具／教材は種類ごとに分類されて子どもが使えるようになっていないといけない。必要に応じて遊具／教材のための家具がある。遊びの種類に応じてセンターに置かれる遊具／教材と子どもの人数が決まり、そのために適切な空間がある。積み木とごっこ遊びの道具はより活発な動きを伴うので、絵本や科学遊びや手や指を使う遊びのようなセンターよりは広い場所が必要になる。"活動センター"の基準に合わないときには"遊びの場"としてのみ評点を与えることができる。"活動センター"の場合は特定の活動に対してのものであり、"遊びの場"よりよくデザインされている。

3.3、5.3　この項目は遊びと学びのための室内構成についてのもので、他の問題に関してのものではないことに留意しておかなくてはならない。もし子どもたちが遊び／学びの一部の行動として部屋から出て行って見守りがむずかしくなるときは（例：走り回ってホールに行ってしまう、または遊びが保育室の外に広がる）この項目に相当する。とはいえ子どもがトイレに行くために保育室を出て目が届かなくなるときには、項目9〈排泄〉または項目11〈安全〉で扱う。保育室の外の持ち物棚に何かを取りに行くときとか、他の部屋から何かを持ってくるために見守りがなくなるなど、それ以外の理由で見守りがなくなることは項目11で扱う。この項目では、すべての子どもがいつも常に視野に入って見守られていることを求めてはいない。見ていたり、声を聞いていたりも含まれる。とはいえ、何か深刻な問題が起きたときにはそれに気づき、対応をしなくてはならない。

5.1　子どもが部屋の中を移動するのに他の子どもが遊んでいる横の狭いスペースを通り抜けなくてはならないが遊びのじゃまはしていない、などの小さな問題に過ぎないならば「はい」とする。通り抜けるときに遊びのじゃまになるようなら「いいえ」である。

5.2　"くつろぎの場"とは相当な量の柔らかなものがある明確に区分された場所であり、子どもがのんびりしたり、ぼーっとしたり、本を読んだり静かに遊べる場所のことである。たとえば敷物がありいくつかのクッションやソファー、マットレスなどが置かれている場所である。くつろぎの場は子どもが典型的な保育室の通常の硬さから完全に逃れることができるのに十分な量の柔らかな家具がないといけない。1個だけの小さなものではくつろぎの場とはなりえない。たとえば、小さなクッション付きの椅子や子ども用の小さなビーズクッション、自分で広げる小さなカーペットなどは十分であるとはいえない。とはいえ、それらが組み合わさっているのなら評点を与えられるだろう。マットレスやソファー、おとなサイズのビーズクッションで同等量の柔らかさがあれば評点が与えられる。

7.1　ごっこ遊び、積み木、楽器、ヘッドホンなしの音楽、身体を動かす遊びなどがにぎやかな遊びのエリアである。静かなのは絵本、書き物、お話を聞くセンターなどである。中間が、コンピュータ、科学、微細運動、算数あるいは造形で、にぎやかな遊びを静かな遊びから離す形でセンターを設けることができるが、動的な遊びではなく、にぎやかな遊びをする子どもによってじゃまをされてはならない。にぎやかな遊びと静かな遊びは家具だけではなく空間によって分けられることが求められる。

サブスケール1 ▶ 空間と家具

項目 4　ひとりまたはふたりのための空間＊

〈不適切〉1

1.1　室内または戸外で、ひとりまたは友だちとふたりで遊ぶことは許されていない（例：ひとり遊びが認められていない；1日のほとんどが集団活動である；戸外遊びは集団の運動をするかゲームに限られる）。＊

1.2　子どもがひとりまたはふたりで遊べるような仕組みやルールが観察されない（例：子どもは使っているおもちゃを他の子どもと一緒に使うよう強制される；ひとりで遊んでいると他の子どもにしばしばじゃまをされる）。＊

1.3　子どもがひとりまたはふたりで遊んでいると、まったく保育者は関わらないか、否定的に関わることが観察される。

2

〈最低限〉3

3.1　子どもはひとりまたはふたりで遊ぶことが許され、3人以上が使えるようになっている遊びの場や活動センターにいたとしても他の子どもからじゃまをされない。＊

3.2　保育者は、ひとりまたはふたりの空間に何か大きな問題が起きたときはいつも介入する。＊

4

〈よい〉5

5.1　室内にあるひとりまたはふたりのための空間は、じゃまが入りにくい場所にあったり、何かの道具立てがあったりする（例：ひとり用のイーゼル、椅子が1～2脚の机、1度にふたりしか遊べないゲーム）。＊

5.2　5.1にある、ひとりまたはふたりのための空間は、観察の間、1時間は使える。

5.3　保育者は通常、5.1にある、ひとりまたはふたりのための空間にいる子どもを他の子どもたちの侵入から守っている（例：子どもはひとりまたはふたりのための空間のルールが知らされる；侵入が起こった際、保育者はそれ以上の侵入をうまく防ぐ）。＊

6

〈とてもよい〉7

7.1　保育者は、ひとりまたはふたりで遊んでいる子どもに声をかけたり遊びについて話したりするなど肯定的に関わる。　*2度の観察*

7.2　保育者は、子どもがひとりで遊びたいときには特定の場所に教材／遊具を持ち込んでもよいことを助言する（例：子どもは他の子どもとおもちゃを一緒に使うことを強制されるのではなく、ひとりまたはふたりのための空間に持ち込んでもよいと勧められる）。

【注 釈】

* "ひとりまたはふたりのための空間"の意図は、子どもが集団生活の圧力から離れてほっとすることにある。罰を与えるために集団から引き離されることに評点は与えない。ひとりまたはふたりの子どもが他の子どもの侵入から守られて遊べる場所がこの空間とみなされる。もしふたりの子どもが一緒に遊んでいる空間に別の子どもが入ろうとしたときには、そのふたりの子どもが入ってもよいかどうか選ぶことができなくてはならない。コンピュータやその他の個別に区切られた空間で遊ぶことが決められている場合には評点を与えない。なぜならコンピュータを使う時間には制限があるが、ひとりまたはふたりのための空間にいる時間には制限がないからである。たとえばにぎやかな造形コーナーにあるイーゼルとか行き来の多い場所にある2人用の砂箱のように、他の子どもからじゃまが入りやすい多くの活動の真ん中にあるような1～2人用の場には評点を与えない。保育室内にあるそのような空間に保育者の見守りと適切な関与があり、安全性について考慮されているときに評点を与える。

1.1、3.1　子どもが他の子どもにじゃまされない限り、他の子どもが遊んでおらず自分だけの空間を見つけているのかどうかについて考慮する。保育室内だけではなく、屋外で子どもが自分だけの空間をもてるかどうかについて考慮する。

1.2　もし子どもがその空間で他の子どもに妨げられないで遊んでいれば、そのようなルールがあるとみなす。

3.1　"活動センター"や"遊びの場"については用語解説を参照のこと。

3.2、5.3　もし子どもがひとりまたはふたりで遊んでいて何も問題が起こらないようであればこれらの指標を「はい」とする。問題が起こった時の介入のしかたは肯定的なものでなくてはならず、問題が継続してはいけない。

5.1　"ひとりまたはふたりのための空間"は必ずしも全部がそのために作られた空間でなくてもよい。しかしながらこの5点のレベルで求められる"ひとりまたはふたりのための空間"とは、1～2人の子どもがじゃまをされずに遊べるように保育者によって意図的に設置されたものでなくてはならない。このような空間には、たとえばテーブルに置かれた椅子の数や1度に使えるのはひとりまたはふたりというサインのように、はっきりとしたやり方が示されている。

▲ 3.1、5.1　親密な会話のなかで考えが深まる（上）。ちょっと引きこもれる場所（下）

サブスケール1 ▶ 空間と家具

項目 5 子どもに関係する展示＊

〈不適切〉1
- 1.1 子どものための展示がない。
- 1.2 大多数を占める年齢の子どもにとって不適切な内容の展示である（例：5歳児のクラスに小学生用の展示；不適切な社会的メッセージや子どもを脅かす内容）。
- 1.3 保育者は展示物について子どもと話さない。＊

2

〈最低限〉3
- 3.1 クラスの子どもの写真など適切な内容の展示があり、不適切な内容の展示がない（例：色のきれいなポスター；絵図やグラフ）。
- 3.2 最低2点の子どもの造形作品が展示してある。＊
- 3.3 保育者は観察時間中に少なくとも1度、展示物について話す。＊

4

〈よい〉5
- 5.1 子どものための多くの展示が保育室全体にある。
- 5.2 展示のいくつかは子どもの現在の興味に基づくトピックに関連している（例：クラス内で話し合われている話題についての写真；季節ごとの写真；子どもの参加した行事の写真）。＊
- 5.3 展示の3分の1程度は子どもの個性が現れた作品である。＊
- 5.4 保育者は展示物について、自由遊びの間／または決まったやり方で、子どもが興味をもつように最低2度異なる場面で話す。＊

6

〈とてもよい〉7
- 7.1 展示のおよそ半分はクラスの子どもの現在の興味に基づくものであり、子どもが何に興味をもち、何を話し合っているかが見て取れる。＊
- 7.2 子どもと親しく話すのに展示を活用している。　*1度の観察*
- 7.3 保育者が、子どもが興味をもつようなやり方で展示に使われている言葉を指さして読んでいるのが観察される。
- 7.4 描画だけではなく立体の子どもの作品が展示されている。

【注　釈】

*　この項目に関しては、展示は子どもによく見えるものでなくてはならないことに留意する。子どもが1日のほとんどを過ごす空間（保育室等）にあり、内容がよくわかるものでなくてはならない。大きなものであれば高いところにあっても容易に見られる。写真のように、小さくてより複雑なものであれば子どもが細部を見られるように低いところに貼られていないといけない。棚などに何が置かれているかを示すラベルやセンターの名前の展示などは数えない。

1.3　保育者が展示物について子どもと話しているのが1度観察されれば「いいえ」となる。

1.3、3.3、5.4　"～について話す"とは展示の内容を使って子どもに何かを教えることを意味している。たとえば、書かれている文字を読んだり物の名前を知らせたり、内容について説明したり、展示の内容について質問をしたりなどである。

3.2　合計で2点であり、ひとりの子どもについて2点という意味ではない。作品はよく見えるところにわかりやすく展示されていないといけない。

5.2、7.1　この項目の意図は、展示を子どもの語彙を豊かにし知識の基礎を培う教材として用いることにある。そのため、これらの指標について評点を与えるには、クラスでの興味の対象となる話題が定期的に変わっていることが、展示物や展示物についての会話によって観察されなくてはならない。カレンダーや天気カード、文字・色・数字・形の図表というような常に掲示してあるものはカウントしない。会話や活動の内容に、指導計画や保育の計画が反映されているかどうかを判断するのであり、保育室内に、その時期に応じ計画に沿って変わっていくような内容が観察されなかったら、これらの指標については「いいえ」とされなくてはならない。

5.3　"個性が現れた"子どもの作品とは、子どもが自分なりの創造的なやり方で作りだしたものということである。それぞれの作品は似通ってはいない。たとえ全体に共通するテーマが保育者によって導入されて子どもと話し合いが行われたとしても（たとえば「春」にまつわること）、子どもがそれぞれに解釈して自分なりに考えることが促されるのであれば、結果として作品は独自的であり個別的なものになるだろう。子どもが先生の例示に従って作り、子ども自身の創造性がほとんど認められていないのであれば、"個性が現れた"とはみなされない。

▲ 5.2、7.1　季節（冬）の活動の展示

▲ 5.2、7.1　「からだ」がテーマの活動が続いているときの展示

▲ 7.4　石のアート

サブスケール1 ▶ 空間と家具

項目 6　粗大運動遊びの空間＊

〈不適切〉1
- 1.1　戸外にも屋内にも身体を動かして遊べる空間がない。
- 1.2　身体を動かして遊ぶ空間が非常に危険である（例：駐車場が遊び場になっている；まったく囲いがない；落下したときに危険）。＊
- 1.3　観察中に身体を動かして遊ぶ時間が10分以下しかない。＊

2

〈最低限〉3
- 3.1　戸外または屋内に身体を動かして遊ぶのに差し支えない空間があり、最低15分は使われている。＊
- 3.2　身体を動かして遊ぶ空間が安全である（例：走り回る場所に危険がない；落下によるけがが防止されるような手立て；囲いがあって門が閉まっている場所）。＊

4

〈よい〉5
- 5.1　身体を動かして遊べる広い空間があり、走り回ったり車輪のある遊具を乗り回したりできるような動きの多い遊びができる。＊
- 5.2　身体を動かして遊ぶ空間が、30分以上使われている。＊
- 5.3　身体を動かして遊ぶ場所は全体的に安全であり、4以下の小さなハザードはあるが大きなハザードはない（例：登り台は低く緩衝材の厚みは13.5cm程度求められるところが12cm程度である；問題が起こりそうにない場所のフェンスに突起物がある；車止めが設置されていないが静かな通りからも遠く離れている）。＊
- 5.4　子どもは容易に身体を動かして遊ぶ場所に行ける（例：あまり長く歩かなくてよい；他の部屋を通り抜けない）。＊

6

〈とてもよい〉7
- 7.1　身体を動かして遊ぶ場所の表面が、硬いものと柔らかいものというように最低2種類あり、異なる種類の運動が可能になっている。＊
- 7.2　便利なように最低2種類の設備がある（例：日よけや噴霧器などのように戸外での保護設備；噴水；トイレに近い；持ち運びのできる用具の便利な収納；保育室から直接行ける）。
- 7.3　異なる運動がお互いに妨げにならないように場所が使われている（例：乗り物の場所は登る遊具やボール遊びの場から離れている）。

【注　釈】
* いつも子どもが使っている、天候その他の理由があって使う屋内・戸外の、粗大運動遊びのスペースをすべて観察する。たとえば、天気が悪くて外で遊べない場合には屋内で遊ぶことになるだろう。3時間の観察の範囲内でそのようなスペースが使われていなかったら、観察が終わった後に確かめることが必要になる。観察時間内に使われていなくても、通常子どもが使う粗大運動遊びのスペースの評点を基にする。安全の基準については資料を参照のこと。通常使われているスペースに対して、屋内と戸外での安全基準を適用する。

1.3　保育時間の長短にかかわらず、10分より少なければ「はい」とする。

1.2、3.2、5.3　安全面でのハザードについては、起こりうるようなすべての事故を想定しなくてもよく、すべてのハザードが同程度の確率で起こると想定しなくてもよい。安全に問題が生じるかどうかについては公的な資料等を参照すること。評点をつけるときは、部分的なハザードにだけ注目するのではなく、全体的なスペースの特徴を考慮する。

"小さなハザード"とは大けがを引き起こすリスクは低いことを意味し、"大きなハザード"とはリスクが高いことを意味する。墜落事故の危険があるなどについては十分に注意を払って評定する。小さなハザードとは、危険ではあるが、子どもが興味をもちそうにない塀の上の突起、乗っても落ちそうにない木の根、墜落の衝撃を和らげるクッションの厚みが規定よりも多少薄い、などの問題を起こしそうにないことがらをさす。"全体的に安全（5.3）"とは、いくつか小さなハザードがあっても、大きなハザードがなく、墜落の衝撃を和らげるようになっており、適切な塀があり、他に際立った問題がないことを意味する。いくつか小さなハザードがあっても、全体的に安全なスペースであれば子どもは深刻なけがをするとは考えにくい。

"非常に危険（1.2）"とは、子どもが通常遊ぶ場所に多くのハザードがあることを意味する。たとえば、高く登る設備に墜落の衝撃を和らげる設備がなかったり塀がなかったりするようなことである。"ある程度安全"とは"非常に危険"と"全体的に安全"の中間くらいを意味している。そのため"ある程度安全"とは他に身体を動かして遊ぶスペースがなく、どこにもハザードがないとはいえないが危険を軽減させる手立てが取られており（設備の下にマットを置くなど）、1～2の小さからぬハザードが依然としてあったとしても子どもが遊ぶ場所が安全であることを意味している。子どもがほとんどの時間を過ごす場所に大きなハザードがなければ差し支えないとする。

3.1　"差し支えない"戸外の空間とは、その時にいる子どもが走り回る程度の大きさがあるということである。保育時間の長短にかかわらず、観察時間中に最低15分は戸外の空間が使われていなくてはならない（天候が許す限り）。もし天候が悪ければ、屋内で最低15分は身体を動かして遊ばなくてはならない。屋内であれば自由に走り回ることはできなくても身体を十分動かすとかダンスとか、混雑せずに粗大運動が可能であればよい。

5.1　評点を与えるには、屋内と戸外の両方が使われていなくともよく、片方が使われていればよい。この指標に関しては、子どもが自由に走り回れる場所が必ずある、ということが必要である。車のついた遊具は不可欠ではないが、使おうとすれば使える。このレベルでは、クラス全員が集まったときに混みあうようであれば評点を与えることはできない。

5.2　悪天候のために戸外で遊べないようであれば、十二分な広さがなくても屋内で遊べなくてはならない。保育時間が3時間より短ければ、観察時間中少なくとも20分は身体を動かして遊べなくてはならない。

5.4　子どもが駐車場とか交差点とか長い階段といった危険な場所を通り抜けないといけない場合は、「いいえ」になるが、このような途中の危険は粗大運動遊びスペースのハザードとはみなさない。途中の危険があることやその程度については項目11の〈安全〉で扱う。

7.1　墜落の衝撃を和らげる場所はこの項目の対象ではない。

サブスケール1 ▶空間と家具

項目 7　粗大運動遊びの設備・用具＊

〈不適切〉1
- 1.1　戸外でも屋内でも身体を動かして遊ぶための設備・用具がほとんどないか、ない（例：子どもはめったに順番が回ってこないか順番待ちの時間が長い；どれも混みあっていて他に使えるものがない）。＊
- 1.2　ほとんどの設備・用具が子どもの年齢と能力にふさわしくない（例：就学前の子どもには高すぎるすべり台や登り棒；1～2歳児用の乗り物や3～5歳児には物足りない低い登り棒；空気の抜けたボール）。
- 1.3　観察時間中、設備・用具は10分以下しか使われていない。＊

2

〈最低限〉3
- 3.1　観察時間中、設備・用具は最低15分使われている（例：子どもは待ちすぎることはなく適度な待ち時間で設備・用具を使える）。＊
- 3.2　少なくとも半分の設備・用具（持ち運び可能なものと固定遊具の両方）は子どもの年齢と能力にふさわしく、"きわめて危ない"設備・用具はない。＊
- 3.3　設備・用具は少なくとも7種類の技能を育てる。＊

4

〈よい〉5
- 5.1　設備・用具（持ち運び可能なものと固定遊具の両方）は子ども全員が遊び込むのに十分な量がある。
- 5.2　5.1の設備や用具はほとんどすべてが子どもの年齢と能力に応じている。＊
- 5.3　観察時間中、設備・用具は最低30分使われている。＊
- 5.4　障がいのある子どもの必要に応じて設備や用具がある。　　無回答可

6

〈とてもよい〉7
- 7.1　戸外または屋内で、設備・用具が種類・量とも豊富である（例：人気のある設備・用具を使うのに待ち時間がない；登るところが混みあわない；十分な数のボールがある；異なる技能を発達させる用具がある）。
- 7.2　設備や用具は、すべてが子どもの年齢と能力に応じている。＊
- 7.3　設備・用具には、年齢相応のレベルを上回る技能を高めるようなものもある（例：プラスチックの野球ボールとマット；子どもサイズのゴルフクラブ、ボール、"ホール"；より遠くへジャンプする：コマ付き／なし自転車）。

【注　釈】
* 観察時間中に使われていなかったとしても、どの設備や用具についても子どもが使うのに適切であるかどうかを見る。持ち運びが可能であるものと固定されたものとの両方を考慮に入れる。登る遊具、バスケットボールのゴール、平均台、三輪車等車輪のついた遊具、縄跳びの縄、ボール、フラフープなど多様な種類がある。子どもが設備や用具を使う時間については、トイレに行ったり水分補給をしたりして少しその場を離れることはかまわない。とはいえ、長時間遊べない状態におかれてはいけない。たとえば、他の子どもが時間いっぱい遊べていても、少人数の子どもがトイレに連れて行かれて遊ぶ時間の3分の1以上が取られてしまうようであれば評点は与えられない。

1.1　もし屋内か戸外のどちらか一方でも設備や用具が使われていれば「いいえ」とする。設備や用具が適切であるかどうかは年齢と能力にあっているかどうかで判断する。

1.3　保育時間の長短にかかわらず、観察の時間中に設備や用具を使える時間が10分より少なければ「はい」とする。

3.1　保育時間の長短にかかわらず、「はい」とするには最低15分必要である。

3.2、5.2　半分がふさわしいかどうかを考慮するとき、登ったり渡ったりできる多機能固定遊具の場合は部分ごとに判断する。たとえば、いろいろな部分はそれぞれ適切であっても、1か所のみ台座が高すぎるとすれば、その固定遊具の複数の他の部分を個別に考える。

3.3　"7種類の技能"には異なったタイプの設備・用具が求められる。複合的な遊具であれば、単体であっても複数の技能を育てられる。技能とは押す／引く、腕でぶら下がる（年齢による）、手でこぐ（ブランコ）、跳ぶ、飛び跳ねる、縄跳びやフラフープを使う、投げ入れる、つかむ、投げる、蹴るなどがある。設備や用具を使って何種類の技能が育つのかをリストアップする。固定遊具と持ち運びのできる用具の両方を考慮する。ボールであれば2種類の技能をリストアップし（つかむ、投げる、蹴る等）、バットやバスケットゴールのような他の用具を必要とするなら別記する。設備や用具とは関係のない、地面を走ったり跳んだりスキップしたりというような技能はカウントしない。

5.3　保育時間が3時間より短ければ20分でも可とする。

7.2　このレベルでは、車輪のある遊具を使うときに安全用のヘルメットが求められる。子どもが自分に合うヘルメットを着用し、遊び終わったら脱ぐことが適切に監督されていなくてはならない。走ったり他の設備などで遊んだりするときにヘルメットをかぶっている姿がみられるべきではない。もし登はん遊具に登るときなどに着用していれば、どこかに引っかかって首が絞められる危険性があるという理由により、大きな安全上のハザードがあると判断する。

【訳注：網かけ部分については、ヘルメットの使用は日本では定められていないので考慮しないが、参考のため訳出した。】

サブスケール2 ▶ 養　　護

項目 8　食事／間食

〈不適切〉1
- 1.1　栄養が不十分な食事内容である（例：基準に満たない；家庭から持参された不必要な食物）。
- 1.2　衛生面での手続きが不十分である。＊
- 1.3　否定的な雰囲気がある（例：待ち時間が長すぎる；マナーなどに厳しすぎて罰を与える雰囲気がある；親しみがあるというより問いただすような会話；発達のレベルにふさわしくない過度の期待）。

2

〈最低限〉3
- 3.1　食事の時間が子どもにとって適切である（例：のどが渇いたときに水分が与えられる、好きなときに軽食が提供される場合に保育者が食べるように勧める）。＊
- 3.2　食事はほとんどの子どもにとって適切な栄養価がある（例：基準に沿っている；必要に応じて家庭から持参された付加的な食物；アレルギーや家庭の食生活習慣により持参された適切な代替食品）。＊
- 3.3　衛生的な状態を保とうとしている（例：テーブルが拭かれる；やり方が不十分でもおとなも子どもも手洗いをする；食べ物が直接テーブルの上に置かれない）。＊

4

〈よい〉5
- 5.1　食事の時間は柔軟である（例：早く食べ終えた子どもは他の活動ができる；間食については時間が選べる；遅く来た子どもに朝食が出される）。
- 5.2　食事や間食の食べ物は適切に配膳される。＊
- 5.3　通常、衛生状態が保たれる（例：ほとんどのおとなと子どもが適切な手洗いをする；テーブルは水拭きの上適切な方法で消毒される）。＊
- 5.4　子どもは保育者の見守りと必要なら指示のもとに、食事や間食のときに自分でできることは自分でするように仕向けられる（例：テーブルをセットする；子ども用の食器を使って食べ物を取り分ける；テーブルを拭く；こぼれたら拭く；自宅から持ってきた食べ物を自分で扱う）。＊
- 5.5　食事や間食のとき、保育者と子ども、子どもどうしの会話がある。

6

〈とてもよい〉7
- 7.1　多少の例外はあっても、ほとんどいつも衛生的な状態が保たれる。＊
- 7.2　会話が多く望ましいやりとりがなされ、ゆったりとした雰囲気がある（例：保育者は気持ちよく親切である；子どもは大きなグループというよりも小グループで食事をする；部屋は混みあったり騒々しくない；保育者は席について望ましいやりとりの手本となる）。
- 7.3　保育者は、子どもができるようなら食事のマナーを教える（例：年齢や発達に応じてスプーン、フォーク、箸の使い方、食器の扱い方等教える）。

【注　釈】

1.2、3.3、5.3、7.1　3つの重要な衛生の実践（テーブル面の清拭／食事や配膳の前の手洗い／衛生的な食品）がそれぞれどの程度行われているかを見る。3つのうち2つがほとんど行われていなければ（たとえば、手洗いがまったく無視される、テーブル面を清潔にしない、食品が衛生的に扱われないなど）、1.2は「はい」となる。手洗いが完ぺきに行われていなくても（20秒かけていない、完全に手の表面を洗っていない、手を濡らす前に石鹸を泡立てる）、手が洗えていると容認できる範囲であれば可とする。完ぺきとは言えないが3つの手続きがまじめに行われていれば3.3は「はい」とする。3つの手続きが行われてはいるがおざなりであり、見逃せない手抜きがあれば3.3は「いいえ」となる。間食を全員揃ってではなく、決められた時間内の好きなときにとるのであっても、子どもが使ったテーブルはその都度拭かれるとか、手洗いをするなど同様の手続きが求められる。もし手を使って食べるのであれば、食後も手洗いが求められる。

3.1　ときどき幼児は遊びに夢中になるあまり空腹を忘れてしまうことがある。そのため、食事や間食が自分の好きなときにとれるようになっているのなら、（例：自由遊びのときなど）子どもが食べ物の置いてある場所に来て、食べ物を見て食べたいかどうかを決める別の仕組みが必要になる。このような食事をとるかどうかを自分で決めるというやり方は、するとしても年長児に対してのみ限られるべきである。場合によって子どもは登園する直前に食事をしていて、食事／間食時には空腹ではないときもある。その子どもたちは食べるかどうかを自分で決めて、次に食事が決まった時間に提供されるまで食べなくてもよいということもありうる。

3.2　「はい」とするには、少なくとも75％の子どもの食事の内容が適切でなくてはならない。

5.2　子どもが飲食物を選択する場合は、選べるように何があるかを知らされていなくてはならない。アレルギーや家族の食生活習慣がある場合は、適切な代替の食品が提供されなくてはならない（例：牛乳に代わる豆乳や米乳；肉に代わる大豆食品；柑橘類に代わるリンゴ）。子どもの食品の選択のあるなしにかかわらず、すべての食べ物が揃って提供されるときに評点が与えられる。

5.4　年長児は年少児よりも自分で責任をもって行うことが多くなっていることが観察されるべきである。たとえば年少児であればたんにテーブルを拭くだけであるのが、年長児はセッティングをしたり食べ物を配ったりするなどが期待されるだろう。子どもは正しいやり方をしているかどうかについて保育者の見守りが必要であり、子どもサイズの食器や水差しなどが必要に応じて用意されるべきである。

サブスケール2 ▶ 養　護

項目 9　排　泄

〈不適切〉1
- 1.1　基本的な用品が揃っていない（例：タオル、トイレットペーパー、石鹸が手の届くところにない；トイレに流水の設備がない；トイレが遠く長い距離を歩かなくてはならない）。
- 1.2　基本的な衛生が保たれていない（例：衛生的に保つ手段がほとんどとられていない；適切な手指の消毒や手洗いがなされていない；めったに水が流されず点検もない；流しの消毒がされない；何か不衛生なことが起きても清掃されない）。*
- 1.3　保育者は子どもの用便についてほとんど注意を払わないか、不愉快な監視をする（例：子どもは付き添いなしに遠くのトイレに行く；ドアが閉まると子どもの声が聞こえなかったり姿が見えなかったりする；保育者が子どもを手荒く扱うか声を荒立てる）。*

2

〈最低限〉3
- 3.1　用便に行くなどの日課が子どもに適切である（例：おもらしなどが見られない；トレーニングパンツなど観察時間中に1回は点検・交換がされる；グループでトイレに行く時間が問題ない）。*
- 3.2　子どもの用便の際の基本的な用品が揃っている（例：石鹸、トイレットペーパーが手の届くところにある；何かがなくなったらすぐに補充される）。
- 3.3　適切な衛生条件を保とうとしている（例：トイレは通常水洗される；トレーニングパンツなど衛生的な手順で交換される；正しい手順でなくても子どもとおとなは手洗いをする）。
- 3.4　保育者の見守りがある（例：見えなくても子どもの声が聞こえて声がかけられる；トイレの中までは見えないが手洗いについて注意できる；子どもはトイレに行くのにひとりで部屋を出ていかない）。*

4

〈よい〉5
- 5.1　用便に行くなどの日課が個別的である（例：子どもは行きたいときにトイレに行く；トレーニングパンツなど適切に点検・交換がされる；戸外でも容易にトイレに行ける）。
- 5.2　適切な衛生条件がほとんど保たれている（例：子どもとおとなはほとんどいつも正しい手順で手洗いをする；必要に応じて流しが消毒される）。*
- 5.3　見守りは気持ちの良いもので、子どもは適切な用便のしかたを身に付けている（例：自分でできるように注意深くやり方を教えられる；正しい手洗いのやり方の表示がある；子どもは近くで見守られる）。*

6

〈とてもよい〉7
- 7.1　必要に応じて便利に使える子ども用トイレがあり、見守りも容易である。*
- 7.2　適切な衛生条件がごくわずかの例外を除いて整っている。*
- 7.3　保育者は子ども1人ひとりの性質や必要性に対応している（例：必要な子どもにはトイレに行くことを促す；トイレを怖がる子どもに忍耐強く思いやりをもって接する；見守りとプライバシーのバランスをとる）。

【注　釈】

1.2、3.3、5.2、7.2　排泄については、手の衛生、水を流すこと、トイレの手洗いは他の流しと独立しているか兼用されているなら消毒が行われているか、水滴が拭きとられたり感染予防がなされたりして衛生的な状態が保たれているかということが基本的な手続きである。評点をつけるときはこれらの全体を見て、ほとんどなされていない（1.2）、ある程度行われているが求められている水準には達していない（3.3）、まじめに実行されているが少し不足がある（5.2）、ほとんど抜かりなく実行されている（7.2）のいずれであるか判断する。

1.3、3.4　保育者は子どもがトイレを使うことにまったく無関心でなく、子どもがどこにいるかを把握しており、ある程度は目を配っているならば3.4は「はい」となる。保育者等は時折、実際に子どもがトイレを使うのを見ているだろう。子どもがトイレを使うのに、保育者等の見守りがなくても、全員の子どもが便器を正しく使い、水を流し、手を洗い、手を拭くという全体の手続きをほとんどあるいはまったくぬかりなく行っているようであれば、評点を与える。通常、ドアが閉められて子どもの姿が見えなくなるので、子どもが正しく手続きを行っているかどうかを確認することが困難であるなら、どの程度保育者は子どもがトイレを使うときに見守りをしているかに基づいて評点をつける。子どもは手続きがどの程度できているか、そして保育者が子どもの状況を把握している程度という観点からは、もし子どもの姿が見えなくてもドア越しに子どもに話しかけたり、ようすをチェックし、流しで手を洗ったかどうかを確認したりしているかどうかという観察に基づいて評点を定める。たとえ保育室にトイレがついていても、子どもがまったく見られることがなく、保育者がまったく関心を払うことがなければ、1.3は「はい」となる。

3.1　観察時間中に子どもがまったくトイレを使わず、保育者がトイレを使うことをまったく促さなかったら、「いいえ」とする。

3.4、5.3　もし子どもがトイレで必要な手続きができており、手も正しく洗えており、排泄に関して適切な行動がとれるので見守りが必要ない場合は「はい」とする。

7.1　"便利に"とは、トイレが保育室内にあるか、隣接していることを意味する。

▲▼5.3　トイレの使い方、やり方が示してある（豪州）

サブスケール2 ▶ 養　護

項目10　保健衛生＊

注：食事や間食、トイレの時の手洗いはこの項目の対象ではない

〈不適切〉1

1.1　子どもの保健衛生にほとんど注意が払われない。＊
1.2　午睡／休息時の保健衛生が留意されない。＊　無回答可
1.3　室内外のいずれであっても、子どもの利用するところで喫煙が行われていたり、たばこの吸い殻などに触れる危険性があったりする（例：灰皿；たばこの吸い殻が落ちている）。

2

〈最低限〉3

3.1　子どもの保健衛生に注意を払う（例：子どもに手洗いや手指消毒を思い出させる；水遊びテーブルから水を飲もうとしたら注意する；はなを拭きティッシュを適切に処理する）。
3.2　午睡時に保健衛生に注意が払われる（例：寝具にシーツがかけられる；コット／寝具はできるだけ離してある）。＊　無回答可
3.3　子どもの保健的な行動に肯定的である。

4

〈よい〉5

5.1　保育者は通常子どもが適切に保健的な行動をとるように手助けをする（例：入室時や必要に応じての手洗い；手洗いの歌を歌う）。＊
5.2　午睡時の保健衛生の手続きがおおむね実行される。＊　無回答可
5.3　保育者は全般的によい保健的行動のモデルになっている（例：子どもの前では健康的な食事をする；飲んだり食べたりするときは着席している；進んで身体を動かしたり戸外に出ていく；正しいやり方で手を洗う）。＊

6

〈とてもよい〉7

7.1　必要に応じて、おおむね適切な保健衛生の手続きが常に行われている。
7.2　子どもはできるようなら自分で保健的な行動をとるように励まされ、保育者は手伝いが必要な子どもに対しては指導を続ける。＊
7.3　必要な保健行動が絵や言葉によって掲示されており、手洗い、歯磨き、はなをかむなどのとき必要に応じて見ることができる。＊

【注　釈】
* この項目では項目8〈食事／間食〉、項目9〈排泄〉で取り上げた以外の手洗いを強調している。ここで注目しなければならない、手洗いの5の場面は以下のようである。①保育室内に入ってきたときと、外から戻ってきたとき、②粘土や水を使うなど、濡れた素材などを共同で使った遊びの後、③砂や汚れる遊びなど手で触る遊びを一緒にした後、④体液に触った後、⑤ゴミ箱や動物のように不衛生なものに触った後。評定するには、手洗いが必要なときに行われているかについてよく観察しなくてはならない。さらに子どもの保健上、汚物の処理方法、施設の禁煙ルール、保育者や職員が保健的な態度のモデルになっているかどうかが含まれる。

1.1　たとえば以下の場合に子どもや保育者が手の衛生に無関心であれば「はい」とする。入室したときや外遊びから戻ってきたときに手を洗わない、子どもがはなを垂らしたままでも見過ごされ、拭かれない、室内外で動物の汚れが放置され子どもがその傍らで遊んでいる、廃棄された不衛生なものに子どもが近づくのを見過ごしている。もし子どもが何も言われなくても衛生的な手続きを自分でしているならば、子どもがそうするように教えられていることが明らかであるので、「いいえ」とする。

1.2、3.2、5.2　もし午睡に関する手がかりが観察できないか、午睡がない場合にこれらの項目は「無回答」とする。午睡はあるが観察できなかった場合5.2は「無回答」となる。実際の午睡を観察はしなかったが、何か問題点が認められるようであればそれらに基づいて1.2と3.2の評点を定める。たとえば子どもの寝具がひとまとめになっているなど、不適切に収納されていて汚染が防止されていないのが観察されるなどである。評定の際は、すべての衛生に関する手続きを考慮し、どの程度正しく行われているかに基づき判断する。午睡に関しては、個人のコットやマット、寝具は触れ合わないように収納されていなくてはならない。活動のときに不特定の子どもが使う柔らかい家具を午睡用に使わせてはならない。

5.1　もし子どもが保育者等の関わりがなくても自分で正しい衛生の手続きができているようであれば、子どもがそのように教えられていることは明らかなので、「はい」とする。

5.3　多少欠けていても認められるが、一般的にはよいモデルになるべきである。

7.2　もし子どもがまだひとりでは正しくできないために間違った衛生の手続きをしているようなら評点は与えられない。"保健的な行動をとるように励まされる"とは、正しい手洗いができるような手洗いの歌を教えられるとか、はなを拭くのにティッシュを使い、ごみ箱に捨て、手洗いをすればほめられるとか、年少の子どもがコートを着て他の子どもが着るのを助けるとほめられる、などである。

7.3　もし掲示の内容が間違っていたり、子どもが掲示に従っていないようであれば評点は与えられない。評点を与えられるには、掲示物は子どもから見えやすいものでなくてはならない。

▲ 7.3　手洗いの仕方の表示

サブスケール2 ▶ 養　護

項目11　安　全 *

〈不適切 1〉
- 1.1　戸外に多くのハザードがあり、深刻なけがにつながりそうな危険性が高い。*　無回答可
- 1.2　室内に多くのハザードがあり、深刻なけがにつながりそうな危険性が高い。*
- 1.3　観察時間中を通して大変不適切な見守りがなされ、戸外・室内の両方で子どもの安全が守られていない（例：子どもと一緒に戸外に出ない；ほんの短い間とはいえないくらい長い間、保育者が保育室にいない）。
- 1.4　保育者が明らかに危険な行為を子どもに促す（例：高いところから飛び降りさせる；熱いスープが入ったボウルを運ばせたり包丁を台所に返却させたりする；階段で急がせる；危険な鬼ごっこをする）。

2

〈最低限 3〉
- 3.1　戸外で、深刻なけがにつながりそうなハザードは3件までである。*　無回答可
- 3.2　室内で、深刻なけがにつながりそうなハザードは3件までである。*
- 3.3　戸外でも室内でも、安全面の問題を防ぐような見守りがある（例：保育者は子どもから姿が見える同じ場所にいたり、子どもの声が常に聞こえるところにいたりする；明らかに危険な行為はやめさせる）。*
- 3.4　子どもの明らかに危険な行為をけっして促さない。

4

〈よい 5〉
- 5.1　戸外と室内で、深刻なけがにつながりそうな危険は2件までである。*
- 5.2　保育者は、通常、安全面での問題を予測し、必要な行動をとる（例：落ちているおもちゃを取り除く；必要に応じて門やドアを閉める；走って滑らないように砂を取り除く；床で滑らないようにこぼれた水を拭く）。
- 5.3　保育者は、常に、子どもの危険を招きそうな行為を止めている。*

6

〈とてもよい 7〉
- 7.1　戸外と室内で、多少の小さなハザードを除いて、大きなハザードはない。*
- 7.2　保育者それぞれが責任をもって見守る場所が決まっており、全体として適切な見守りが行き届いている。
- 7.3　保育者は、全般的に、起こりえる危険と子どもの特性を見極めて適切な見守りを行っている（例：衝動的で自分からけがをしそうな子どもに対してはより多くの注意を注ぐ；危険度の高い遊具に対してはより近くで見守る）。

【注　釈】
* 参考にしているのは the Consumer Product Safety Commission（消費者安全協会）のガイドラインPublic Playground Safety Handbook、Caring for Our Children およびASTMのガイドラインである。ただし状況に応じて考慮しなくてはならない。詳しくはERSIのサイトを参照のこと。

【訳注：網かけ部分は参考のため訳出。日本では厚生労働省のサイトを参照のこと。】

1.1、1.2、3.1、3.2、5.1、7.1　子どもにとって完全に安全な環境は、刺激に乏しく魅力的ではない。したがって、この項目および他の項目でも安全に関する部分は、ハザードを最小限に抑え、かつ子どもの年齢と能力に応じて適切な見守りを行ったうえで、子どもの負傷するリスクを少なくするためのものである。観察中に、室内外を問わず、安全を脅かすものについて考慮する。とはいえ、すべてのハザードが同じように扱われるのではない。大きな安全上のハザードとは深刻な負傷の危険性が非常に高いものである。小さなハザードとは、負傷をしても軽い程度のものであるか、見守りが適切であるとか子どもの傾向であるとか、その危険性の頻度などによって、事故は起こりそうではないというものである。ハザードについては、あらゆる危険性を想定しようとしないことである。そうではなく、どの程度深刻になりそうか、起こりそうかどうかを考慮することである。以下は大きなハザードと小さなハザードを比較したものである。
- 蓋のない排水溝について：子どもが近寄る範囲にあり、子どもが濡れた床の上で遊ぶ水遊びテーブルに近い VS 子どもが近寄る範囲になく、問題が起こりそうな場所でもない。
- 濃度の高い漂白剤のボトルについて：子どもが遊んだり食事をしたりするテーブルの上に置かれたままになっている VS 鍵のかからない高い棚に入れてあるが子どもの手は届かない。
- 低い登り棒について：落ちる可能性のある場所がセメントである VS 落ちる可能性のある場所には安全基準に沿った緩衝材がある。
- 往来の激しい通りに面した遊び場のフェンスについて：保護柱で保護されていない VS 保護柱が一部ない。
- よく使われる固定大型遊具の足をはさみそうなところ VS 問題が起こりそうもない場所にある門とフェンスの間の足をはさみそうなところ。
- 子どもが走り回るところに木の根が盛り上がっておりつまづくとセメントの表面に転ぶ場所 VS 子どもがめったに走らないところの地面に盛り上がった木の根。

1.1、3.1　園内の、いつも使われている戸外のどのスペースもどの固定遊具も観察する。もし3時間の観察時間中に使われることがなければ、その時間の前か後にそれら全部を見る。もし園内にそのようなスペースや固定遊具がなければ「無回答」とする。それには、たとえば園内の広い場所が科学や造形、その他あまり身体を動かさない遊びに使われている場合も含まれる。

3.3　"見守りがある"とは、安全に関しての問題が大小を問わずあるかどうかに関係する。とはいえ一般的には1.3（大変不適切）と5.3（常に止める）の中間くらいをさす。

5.3　保育者は大きな問題を起こしそうな行動はすべて止めなくてはならない。小さな負傷が起こりそうな、あるいは最少のリスクが伴うような行動をすべて止めることは不可能である。

サブスケール3 ▶言葉と文字

項目12　語彙の拡大＊

〈不適切〉1
- 1.1 保育者が子どもに対し限られた語彙しか用いない（例：物や行動を的確に表す言葉がほとんど使われない；状況を表す言葉がほとんど使われない；「これ」「あれ」「それ」などですませている）。＊
- 1.2 保育者が子どもの実際の経験に基づかない言葉を教える（例：曜日の名前を教えるのにカレンダーを用いるが、何かあった時の会話の中に曜日の名前が出ていない；天気の絵図はあるが子どもは実際に天気のことを経験していない）。
- 1.3 保育者が新しい言葉を導入するのに保育室内の遊具／教材や展示、何かの体験という機会を利用しない。＊

2

〈最低限〉3
- 3.1 観察時間中の決まった日課や遊びのなかで、保育者がときどき、人々や場所、ものごと、動きなどの子どもの経験を表す言葉を場に即して用いている（例：食事のときに食べ物の名前を言う、子どもが使った物の名前を言ったり子どものとった動きを表す言葉を使ったりする）。＊
- 3.2 子どもにとって意味のある状況で、人々や場所、ものごと、動きなどの言葉が用いられている（例：「柔らかい青いシャツを着ていますね」「今日は四角いクラッカーですね」「あなたはとっても速く歩きますね」）。＊
- 3.3 保育者がときどき、新しい言葉を導入するのに保育室内の遊具／教材や展示、何かの体験という機会を利用する。＊

4

〈よい〉5
- 5.1 観察時間中の決まった日課や遊びのなかで、保育者がしばしば、人々や場所、ものごと、動きなどの子どもの経験を表す言葉を場に即して用いている。＊
- 5.2 保育者はときどき、なじみのない言葉の意味を子どもにわかるように正しく説明している（例：「霧はとても小さな水の粒でできているので、霧の中にいると冷たい感じがします」「私が心配していますと言った時は、あなたに何があったのかが気になっているのです」）。＊　*2度の観察*
- 5.3 保育者がしばしば、新しい言葉を導入するのに保育室内の遊具／教材や展示、何かの体験という機会を利用する。＊
- 5.4 言葉に不自由のある子どもに対して特別な配慮がある（例：手話が使われる；単語を2つの言語で言う；身振りを使いながら話す）。＊　*無回答可*

6

〈とてもよい〉7
- 7.1 保育者は通常、子どもの年齢と能力に応じて、語彙豊かに、話題となっていることがらについてより的確な言葉を用いる。＊
- 7.2 保育者は、新たな話題や興味あるトピックを取り入れるのに、いろいろな面白くて新しい言葉を用いる。＊
- 7.3 保育者は子どもが使っている言葉の意味についての理解を広げるために、情報やアイデアを付け加える。＊　*2度の観察*

【注　釈】

* 評定にあたり、常に子どもとクラスにいる保育者についてのみ考慮する。おとなの言語にさらされることが子どもの望ましい言語発達にとって必要である。どの指標に関しても、子どもが全体的にその指標が求めるものの恩恵を被っていなくてはならない。たとえば自由遊びの間に保育者が見て回ることをあまりせず、子どもが長い間ほとんどあるいはまったくおとなの言語にさらされることがないようであれば、評点を与えられない。粗大運動遊びのときにも言葉がかけられなくてはいけないが、他の遊びや決まった日課のときほどには期待はできない。通常クラスにいる保育者等の言葉かけをみる。評点を与えるためには、日常的に指標の内容が実践されていなくてはならない。

1.1、3.1、3.2、5.1　保育者の言葉かけが指標に沿っているかどうかを判断するには、声だけを聞いて評価者にも何について言っているのがわかるかどうか確かめる。1度きりの観察ではなく、観察時間中を通して保育者の子どもに対する言葉の内容を記録する。単語だけを記述するのではなく、叙述的であるか（形容詞や副詞）、物の名前か（名詞）、動作（動詞）かについて留意する。他に色や大きさ、形についてか、「きれい」「気持ちがいい」「ゆっくりと」「どきどきする」「大きい」などの言葉がある。

1.3、3.3、5.3　これらの指標に関しては、戸外と屋内の両方で、遊具／教材、おもちゃ、展示物について子どもが自分の関わっていることと言葉が結びつくように、保育者がどの程度援助をしているかどうかについて見る。1.3の場合は、保育者が物の名前やようすを言ったり新しい考えを取り上げたりしない。あるいは、保育者の話しかけが子どもの遊びとは関係がない。また、室内で、遊びや決まった日課のときにほとんどものごとについての話がない。5.3を「はい」とするのは、自由遊びのときや、クラス全体の活動やルーティンのときに多くの言葉が聞かれるときである。ほとんどいつも子どもの言葉に明らかに関心が注がれていなくてはならない。5.3については、話題となるたくさんの遊具／教材があり、子どもにとって意味のある流れのなかでいろいろな言葉が使われることを求めていることに留意する。3.3については、1.3と5.3の中間であり、室内のものごとについての言葉がたまに聞かれ、何も言葉が発せられないときもあれば何か起きても見過ごされたりするときがある。

5.1　通常の、しばしば起こる状況のなかで観察されたら「はい」とする。

5.2　この指標に評点を与えるのは、保育者が言葉の意味を説明していたり、なじみのない言葉を使ってそれを説明しているときである。

5.4　言語に関して特別な配慮を必要とする子どもがいない場合は「無回答」とする。クラス集団活動でないときに使われる言葉は、より子どもの個別ニーズに沿ったものとなりやすい。言語障害のある子どもには、子どもの「今、ここで」の経験に基づいて言葉が教えられるべきであり、手話などが有効な場合もある。子どもの家族の言語がクラスで用いられる言語と異なる場合は、より的確な言語を用いることと、理解のための手がかりが与えられるべきである。

7.1　この指標に評点を与えるためには、保育者が一般的な言葉をできるだけ使わないようすが観察されなくてはならない。たとえば単に「うれしい」「悲しい」だけではなく「失望した」「不安になる」「うきうきする」、「速い」「遅い」だけでなく「すばやい」「即座に」、水族館で「魚」ではなく「グッピー」など名前をいう、「緑」だけではなく「青緑」「黄緑」ともいう、などである。

7.2　"新たなテーマやトピック"とは、評価者がはっきりとそれとわかるものであり、文字や色、数、曜日について話すこと自体が新しい言葉の導入であるにしても、それらにとどまったものであってはならない。先生と子どものどちらが口火を切ったにせよ、テーマやトピックが子どものすでに知っていることの理解を深め、知識の基盤を広げ、語彙を増やすような新しい経験を味わえる豊かな環境が提供されるべきである。

7.3　"保育者が情報やアイデアを付け加える"とは、子どもからさらに言葉を引き出そうとして質問をすることとは区別されなくてはならない（この点に関しては次の項目13を参照）。「子どもの理解を広げる」とは、子どもの言ったことに言葉で応答し、子どもの発想を広げ、情報や語彙を付け加えて子どもが自分のしたことに意味づけができるようにすることである。たとえば4歳児が「ト

◀以下、27頁につづく▶

サブスケール3 ▶ 言葉と文字

項目13　話し言葉の促進＊

〈不適切1〉
- 1.1 保育者が子どもに、型通りな答えを求めたり、正確に答えるのがむずかしかったりするような質問をする（例：「これは何色ですか」「これは何の形ですか」）。
- 1.2 保育者は子どもが言うことの多くを無視し、否定的あるいは不適切な反応をする。＊
- 1.3 子どもが自分の能力に応じて順番（交代）に話せるような、保育者と子どもの会話がほとんどない。＊
- 1.4 保育者は子どものコミュニケーションを助けようとしない（例：歌わない、唱え言葉をしない、アルファベットや色の名前を言わない）。＊
- 1.5 子どもどうしでものを言い合ったり保育者に話しかけたりするような雰囲気がない（例：子どもが話す気になれない厳しい雰囲気、ほとんど子どもどうしで遊んだりする時間がない）。

2

〈最低限3〉
- 3.1 保育者は適宜、子どもがうまく答えられるような「型通りでない」質問をする（例：「新しい靴をどこで買ったの」「このチーズを食べたいですか」「絵の中にはなにが描いてありますか」）。
- 3.2 保育者は子どもが言ったことにまずまずの量の注意を払い、否定的ではなく、自然に肯定的に応答する。＊
- 3.3 保育者と子どもの会話がとぎれとぎれであるが観察される。＊
- 3.4 保育者は、子ども1人ひとりが、できるだけ言葉のやりとりができるように試みている（例：うまく話せない子どもが言おうとしていることを理解しようとする；子どもからの返事を待つ；子どもの家族の言語や手話をいくつか知っている）。＊
- 3.5 雰囲気が和やかで1日のうち大部分の時間に保育者や他の子どもと話をすることができる。

4

〈よい5〉
- 5.1 子どもが喜んで答えるような質問をする。＊
- 5.2 室内の自由遊びの時間に保育者と子どもの会話がたくさんある。＊
- 5.3 保育者は子どもからの話しかけに肯定的に応答し、もっと話すように励ます（例：子どもができるだけ長く話せるよう興味をもって聞く；子どもが言いたいことを話せるように言葉を補う；子どもの質問に肯定的に答え、求めに応じて話を続ける）。＊
- 5.4 保育者は子どもがお互いにやりとりできるように助ける（例：もしおもちゃの取り合いがあったら「～と言いましょう」と言い、適切に決着をつけさせる；他の子どもの前を通るときは「ごめんなさい」ということを思い出させる；すべての子どもが会話に加われる話題を持ち出す）。＊　*2度の観察*

6

〈とてもよい7〉
- 7.1 保育者は子どもがより長く答えられるような質問を多くする（例：「なぜ」「もし～だったら」「なぜ」「～について話して」などの質問）。＊
- 7.2 外で体を動かして遊んでいるときや、毎日の決まった活動のときにも保育者と子どもの会話がたくさんある。＊
- 7.3 クラスでの活動や教材等の範囲を超えての話題がある（例：世間話や家庭や家族の話；気持ちについて；園以外でのできごと）。＊　*1度の観察*

【注　釈】
＊　評定するにあたっては、常に子どもとクラスにいる保育者についてのみ考慮する。

1.2、3.2、7.2　保育者は子どもが話しかけたり寄ってきたりするときには応答するべきである。子どもが保育者に何か見せようとしたり言おうとしたりしているとき、子どもが無視されているのか応答があるのか実例をもとに評定する。保育者は子どもの近くにいて、興味を示したり肯定的に応答したりすることで、子どもが自分から働きかけやすくなるようにしなくてはならない。もし保育者が自由遊びの間に多くの子どもから距離をおいたままであったり、通常子どもが親しく保育者等とやりとりをしているようすが見られたりしない場合、7.2を「はい」とすることはできない。

1.3、3.3、5.2、7.2、7.3　会話について評点を与えるには、保育者と個別あるいは小グループとの間に言葉のやりとりがあるか、一方が言葉にせよ仕草にせよコミュニケーションを取っていなくてはならない。その時には、保育者と子どもの双方がやりとりできるような共通のトピックや興味がなくてはならない。会話が保育者と子どものどちらで始まったにせよ、会話と認められるには話し手が交代していなくてはならない。子どもの言葉の数が少ない場合、会話が短かったり、必要に応じてジェスチャーや手話などが双方で使われたりするかもしれない。子どもに物の名前や色を言わせるような、保育者からの単純な質問はカウントしない。

1.4、3.4、5.3　同一年齢の集団であっても、子どもの言語的なニーズには多かれ少なかれ差がある。評定にあたっては、保育者がどのようにすべての子どもとコミュニケーションを取っているか、個別的に接することができるようなときにどの程度の量の言葉が使われているかを見る。クラス集団活動以外のときには1人ひとりに応じて言葉がかけやすい。保育者は、発達的に進んでいる子どもに対してはより複雑な言語や長めの文を用いたり代わるがわる話すようにしたりしている一方で、話すことが容易ではない子どもに対してはふさわしいやりとりをして安心を与えているかどうかを見る。言語の遅れのある子ども（あるいは家庭と園で使われている言葉が異なる場合）に対しては、その子どもが「今、ここで」経験していることについて物の名前や動作を言い表したり身近な

文を言ったりするように励ますべきである。子どもの発達過程に応じて、ある子どもにはより多くの質問をして長い答えを求め、別の子どもには単純な質問をするなどふさわしいやり方を取るべきである。

5.1　質問は子どもが興味をもち喜んで答えているようなら、長くても短くてもよい。

5.4　評点を与えるには、子どもがふたり以上いるところで単に子どもがおとなに答えているのをそばで聞いているだけでなく、何らかの形で全員が言葉を発することができるように、保育者が問いかけているようすが観察されなくてはならない。

7.1　これらの質問には、子どもからより長い答えが引き出せるようなものが含まれていなくてはならない。

7.2　自由に身体を動かして遊ぶ場面がなければ、ルーティンのときに見る。

◀項目12の注釈のつづき▶
ラックもってる」と言ったときに、保育者は「ダンプ・トラックだね。後のところにたくさん物を積んでるね。荷台をあげると積んだ物は落ちていくよね」と返すことで「トラック」という発想を広げていくかもしれない。保育者が子どもの言ったことにどのように応答するかに注意深く耳を傾けよう。しばしば単に反復するだけか（「トラック見たよ」）質問するだけのときがある。ときどき簡単な情報を付け加えている（子どもが「トラック」と言ったときに「赤いトラックね」「私もトラック好きよ」と応じる）。しかしながらこのレベルでは応答はもっと広がりが必要である（「トラックにもいろいろな大きさがあるよね」「小さなトラック見たことがあるよ。駐車場で見るよね。でも大きなものを運ぶ大きなトラックもあるよね。そんな大きなトラックだと、ベッドみたいなところもあって運転手さんが中で寝ていることもあるね」）。子どもから出た話題でも、相当な量の情報を与えながら子どもの質問に答えるようにしなくてはならない。

サブスケール3 ▶ 言葉と文字

項目14　保育者による絵本の使用＊

〈不適切〉1
- 1.1　観察時間中、保育者は絵本を手に取らない。＊
- 1.2　絵本の読み〔聞かせ〕の時間は不快であるか多くの子どもにとって気の進まないものである（例：子どもは聞くことを強要される；罰を与える雰囲気；子どもに本が見えない；子どもが反応したら妨害とみなされる）。
- 1.3　保育者の絵本の読み方が退屈であったり興味をそぐものであったりし、かつ／あるいは熱意が感じられない。＊
- 1.4　子どもにとって不適切な本が使われている（例：内容が闘争的なもの、否定的な社会的メッセージを与えるもの、偏見があるもの；長すぎるか、むずかしくて理解できないもの）。＊

2

〈最低限〉3
- 3.1　観察時間中、少なくとも1回、保育者は子どもに絵本を読んでいる。＊
- 3.2　集団での絵本の読み〔聞かせ〕の時間は、子どもが楽しめるものである（例：絵本がよく見える；混みあって問題が起こることがない；適切な長さ）。
- 3.3　集団での読み〔聞かせ〕の時間に使われる絵本は、大多数の子どもが喜んで聞けるものである（例：いっときは興味を失いそうになってもそのうち面白さがわかってくる；ひとりの子どもは興味をもてないが、他の子どもは興味をもっている）。
- 3.4　保育者自身が絵本の内容にいくらか興味を示し、楽しそうである。

4

〈よい〉5
- 5.1　観察時間中、保育者はクラス全体、小グループ、あるいは個人に絵本を読んでいる。＊
- 5.2　絵本の読み〔聞かせ〕の時間に、特別な配慮の必要な子どもに対して手立てがとられる（例：発達の遅れがあり言葉がうまく使えない子ども、あるいは集団になじめない子どもには小グループで行うなど）。＊
- 5.3　絵本の読み〔聞かせ〕の時間に、すべての子どもが喜んで参加している（例：保育者は支持的であり興味をもって絵本を読んでいる；子どもは絵本の時間を楽しみ、関心を寄せている）。
- 5.4　保育者自身が絵本の内容にたいへん興味を示し、楽しそうである（例：動きをつけながら読む；絵本を見ている子どもに対応する）。＊

6

〈とてもよい〉7
- 7.1　現在のクラスの活動やテーマに即した本が読まれたり、子どもが使ったりしている。＊　*1度の観察*
- 7.2　絵本の内容について保育者との話し合いに、子どもが喜んで参加している。*1度の観察*
- 7.3　保育者は、2例以上、子どもにインフォーマルに（＝小グループや個人に）本を読んでいる。＊　*2度の観察*
- 7.4　保育者は、子どもが興味をもっていることに対して、疑問を明らかにしたり、情報を得たりするために、一緒に本を見る。＊

【注　釈】

* 「無回答」はこの項目では認められない。もし観察時間中に子どもと一緒に本が使われることがなかったら、1の指標はすべて「はい」、それ以降はすべて「いいえ」とする。本が初めから終わりまで読まれなくてもよいが、意味のある経験となるべきである。評定の際は、常に子どもといる保育者についてのみ考慮する。

　この項目では、電子書籍は動画でない限り本とみなす。動画のe-bookについては、項目27〈ICTの活用〉で取り扱う。

1.1、1.3、3.1、5.1、7.3　"本を使う" には読むこと、本の中の絵を指さすこと、折に触れて全体に対してではなく絵についての話をすること、本の内容について話をすること、そして他の活動のなかで一緒に本を使うことを含む。"本を読む" は、子どもに実際に印刷された文字を読むことを意味する。

1.4、7.1　"不適切" とは本がクラスの子どもの年齢や発達にふさわしくないことを意味する。さらに、本の中にある絵が暴力的なものであったり、戦いをあらわしていたりして、子どもが脅えるような内容の場合である。不適切な本は、特定の人々のステレオタイプや偏見を示して否定的な社会的メッセージや、社会的な問題解決をするのに攻撃という手段を使ってもよいというメッセージを与えるおそれがある。このことは、多くの昔話で、よいキャラクターが、お互いに相手を傷つけることなく問題を解決するかわりに、「悪い」キャラクターを殺してしまうことについても同様であろう。

【訳注：網かけ部分については文化的な背景を考慮しなくてはならないかもしれない。日本あるいはヨーロッパの昔話の内容がアメリカ人にとっては受け入れられない場合がある。あるいは耳で聞く昔話であればさほどでもないシーンが、不適切な絵で表現され残虐さを感じさせる場合があるので注意が必要である。】

5.2　どの子どもも特別な配慮を必要としていない場合は「はい」とする。

5.4　この指標では、観察時間中に数回子どもの興味を引いていることが求められる。移行時の時間つぶしとして子どもに本を読むように言うこと、とりわけ子どもがそのときにほとんど本に興味をもっていなければ評点は与えられない。

7.3　全員の子どもが本を読むように言われているときに、少数の子どもに本を読むことについてはカウントしない。

7.4　ここでの本の使用については、保育者が、子どもに何か過去のことについての情報を得るために本を使うことを思い出させたり、観察の時間中に何か調べるために本を見るように言ったりする形で観察される。それは保育者主導であったり、子どもが好奇心を示したり答えを求めたりするときに保育者が本に導いて使えるように助けるときに見られる。

サブスケール3 ▶ 言葉と文字

項目15 絵本に親しむ環境＊

〈不適切〉1
- 1.1 子どもが手に取って読める本が10冊未満である。＊
- 1.2 しばしば時間調整のために本を読まされて、ほとんどの子どもは楽しんでいない。
- 1.3 手に取れる本のほとんどは内容が適切でない（例：易しすぎるかむずかしすぎる；不適切な内容；怖がらせる；否定的な社会的メッセージを伝える；状態がとても悪い）。
- 1.4 本を手にする場所が見当たらない（例：本が室内に散在し、読めそうにない動いて遊ぶ場所にすら置いてある）。

2

〈最低限〉3
- 3.1 観察時間中に、少なくとも25分間、子どもが手に取れる本が15冊ある。＊
- 3.2 子どもが手に取れる本は、フィクション（想像）とノンフィクション（事実）の両方がある。
- 3.3 手に取れる本のほとんどは状態がよく、内容が子どもにとって全体的に適切である。
- 3.4 本はまとまって置かれており、子どもが手に取りやすく、本を手にする場所がある（例：棚にぎゅうぎゅうに詰め込まれていない；棚が高すぎない）。

4

〈よい〉5
- 5.1 たくさんの本があり、観察時間中に1時間は子どもが本を手に取れる。＊
- 5.2 子どもは手に取った本に興味を示している（例：自由遊びの時間にくつろげる場所で本を選んでいる；科学コーナーで本を見ている）。　*1度の観察*
- 5.3 本は決められたコーナーに組織的に置かれ、手に取りやすく、くつろいで読めるスペースがある。＊
- 5.4 保育者は子どもが自分で本を選ぶことに積極的な関心を示している。＊

6

〈とてもよい〉7
- 7.1 手に取れる絵本の選択の幅が広い。＊
- 7.2 少なくとも5冊の本が、現在のクラスの活動に関係しており、簡単に手に取れることが観察できる。＊
- 7.3 手に取れる本のほとんどが、子どもが親しめるように配置してある（例：本は棚に詰め込まれていない；本の表紙が見やすく置かれているものがたくさんある）。

【注　釈】

* この項目についてみていくときに、すべての本の内容を確かめる必要はない。たくさんの本（35冊以上）があれば、子どもが最も手に取る頻度が高いようなものを無作為に取り出してみる。たとえば、棚の中にぎっしり詰まっていたり、かご・木箱の底に押し込まれたりしているような本を取り出して見ることはしない。ページが揃っていなかったり、ひどく破れていたりその他状態が悪い本は、対象外である。本の内容が年齢や子どもの興味に沿っている場合に適切であるとみなされる。不適切な本とは、子どもを脅かすような話題や絵であったり、暴力的であったり、偏見や暴力的な問題解決など否定的な社会的メッセージを伝えるものである。

1.1、3.1　保育時間の長短にかかわらず、もし観察時間中に本に触れられるのが25分未満の場合には1.1は「はい」となる。3.1を満たすには、同じく保育時間の長短にかかわらず、観察時間中に25分以上本に触れることができなくてはならない。

5.1　"たくさんの"とは10人の子どもに対しては20冊以上、15人の子どもに対しては30冊以上、これより人数が増える場合はひとり増えるにつき1冊増えることを意味している。子どもが最も多く出席している状態の人数に基づいて計算する。

5.3　絵本コーナーも本書で定義する「活動センター」としての条件を満たしていなくてはならない。敷物がありクッションや子どもがもたれかかったりできるような柔らかくて大きな遊具や、子どもサイズのビーズクッションなどがあれば快適な家具として認められる。木のひじ掛けのついたクッション付きの椅子や子ども用のロッキングチェアなども認められる。

5.4　子どもが一斉活動で本を見るように言われる場合はこの場合に当てはまらない。

7.1　本の選択の幅が広いかどうかを決めるのに、細々と本の内容を確かめなくてもよい。むしろ、本の分野が多岐にわたるかどうかを見極めるには（通常は表紙を見るなどして）一般的なことがらが揃っているかどうかをみる。たとえば、人々、感情、自然／科学、算数、文化、多様な人種、男性と女性、仕事、健康／健康法、スポーツ／趣味、能力など。これらは例であり、揃っていなくてはならないということではなく、他にも種類はあるだろう。

7.2　"現在のクラスの活動"とは、指導計画によるか、子どもたちの興味か、季節によるものか、何か特別なことで保育室のようすが変わるなどして、話し合いが発生していることが求められる。もし本が見当たらなければ、それ以上あえて探さなくてもよい。

▲ 3.4、5.3、7.3　絵本コーナー。絵本が手に取りやすく、くつろいで読める

▲ 7.2　インコについてのプロジェクトが行われているときに、インコや鳥についての絵本が置かれている

サブスケール3 ▶ 言葉と文字

項目16　印刷（書かれた）文字に親しむ環境＊

〈不適切〉1
- 1.1　使われている印刷／書き文字が、話し言葉や絵と明確につながっていない（例：絵がなく文字だけのラベル；意味とのつながりがわからない言葉や文字の反復）。
- 1.2　子どもが文字や言葉を教えようとする活動に興味を示さなかったときに保育者が否定的に対応する（例：叱ったりその場から外したりする；他の子どもが遊び始めているのに文字の活動を終わるまでさせる）。
- 1.3　保育室内の文字が子どもの役に立っていない（例：家具に貼られた文字のラベルが意味をなしていない；子どもの名前がついているがその子どものものではない）。
- 1.4　まだよくわからない子どもが、文字や言葉についてたずねられたり書かされたりしている（例：文字あてゲームをしていて子どもが興味を失う；名前がなかなか書けない）。*2度の観察*

2

〈最低限〉3
- 3.1　いくつか絵にわかりやすく文字が書いて（添えて）あり、子どもが見たときに意味や音を理解することができる。＊
- 3.2　保育者が子どもに文字を指さしたり読んだりしている（例：展示された絵の名前を読む；文字を指さしながらアルファベットの歌を歌う）。＊　*1度の観察*
- 3.3　保育室の中に子どもの名前が文字で書かれているものがある（例：個人用の物入れ、作品；出席がわかる名前カードが使われている；進んだ子どもは自分の名前を自分で書くように励まされる）。＊

4

〈よい〉5
- 5.1　見える文字のほとんどは絵と結びついている。＊
- 5.2　保育者は、何かのことがらについて、方法や理由を説明しながら、文字が便利であることを子どもたちに示している（例：子どものおもちゃにラベルを付けたり、進んでいる子どもには家に持ち帰るのにそうするように促す；忘れ物をしないようにメモをする；子どもがランチは何かとたずね、保育者がメニューを指さして読んでみせる）。
- 5.3　保育者は子どもが言ったことを書き留めたり、進んだ子どもには自分で書くように促したりする（例：保育者は子どもが自分の制作物について言ったことを書く；小グループのときに子どもの発言をもとにチャートを作成する；進んだ、または興味のある子どもは自分の本を作る）。＊

6

〈とてもよい〉7
- 7.1　絵／文字の教材は現在クラスで取り上げているトピックに関係しており、いろいろな言葉がある。＊
- 7.2　保育者は子どもに興味をもたせながら、子どもの言ったことを書き留めている。*2度の観察*
- 7.3　保育者は活字を読むときはしばしば文字や言葉を指さしており、子どもに興味をもたせながら文字や言葉の音が聞き取れるようにしている。　*3度の観察*
- 7.4　子どもの活動の順番を示すのに絵／言葉による指示が使われている（例：料理のレシピ；種まきの手順；正しい手の洗い方）。＊　*1度の観察*

【注　釈】

＊　この項目の評定で対象となる印刷（書かれた）文字は、子どもの目につくところにあるものである。

3.1　この指標の規準は、文字が明確に絵や写真と結びついていることである。展示物に付けられている文字が、少なくとも3分の1は絵などに結びついていなくてはならない。たとえば、壁に絵／言葉のラベルが貼ってある：子どもが見せるいろいろな気持ちの絵のひとつひとつに言葉が添えられている：アルファベットとそのアルファベットから始まる言葉の絵、などである。

3.2　評点を与えるには、たとえば子どもの名前を書いてみせたり文字や音について話してみせるなど、子どもが、文字が読まれているときに見ていたり言葉や音を聞いていることが明らかでなくてはならない。

3.3　全部の子どもの名前が書かれているかどうかを確かめる必要はないが、常にあることが明らかでなくてはならない。

5.1　活動プランやスケジュール、メニュー、避難訓練の手順などおとな用に展示されているものは対象としない。

5.3　このことの根拠は、チャートや、コメントが書かれている子どもの作品などの展示物に見出せるか、または子どものために保育者が何か書いているところが観察されることである。とはいえ展示物は最近のものであることの確認が必要である。

7.1　"現在クラスで取り上げているトピック"とは、保育の計画や子どもの興味、あるいは時期によって変わるような、クラスの中で興味をもって話し合われるようなことがらである。特に周囲にそれらしきものが見つけられない場合、それ以上の追及はしない。

7.2　このことは必ず観察されなくてはならない。展示されたものはこの指標に関しては根拠とならない。2度観察された場合に「はい」とする。

7.4　展示物を観察する。保育者がやり方について指さしながら説明するとか、子どもが絵と言葉によ る指示について話し合うこともこの例に相当する。

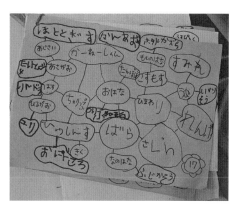

▲5.3　子どもの書いたマインドマップ

▲5.3　子ども自身が書いたお願いの文章

▲5.3　子どもの言ったことをホワイトボードに書き留める

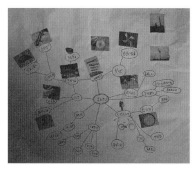

▲3.1、7.1　写真付きのマインド・マップが貼られている

サブスケール4 ▶ 活　　動

項目17　微細運動（手や指を使う）

〈不適切〉1
- 1.1　観察時間中、発達にふさわしい微細運動の遊具／教材が5より少ない。
- 1.2　保育者が、子どもが手や指を使って遊ぶことに興味を示さない。
- 1.3　微細運動の遊具／教材の状態が全般的に悪かったり、揃っていなかったりする。

2

〈最低限〉3
- 3.1　観察時間中、少なくとも10の、状態がよく発達にふさわしい微細運動の遊具／教材を、最低25分は使える。＊
- 3.2　保育者は、子どもが遊具／教材を取り合うことがないように助言したり、適切に片づけさせたりする。＊
- 3.3　遊具／教材を使える、便利で気持ちの良い場所がある（例：自由に使えるように組織的に整理してある；異なる種類のものは異なる容器に入れてある；専用のテーブルがある；遊具／敷物があり、遊具／教材が置かれている）。
- 3.4　難易度の異なる遊具／教材がある（例：単純なパズルから複雑なパズル；大小の組み合わせブロック；紐通しの玉の大小）。

4

〈よい〉5
- 5.1　遊具／教材には組み合わせブロック、指先を使うもの、錯画・描画・文字書きのための鉛筆のようなものや切るためのはさみのような、微細運動機能を高める造形のための用具がある。＊
- 5.2　上記の遊具／教材は、観察時間中少なくとも1時間使える。＊
- 5.3　保育者は子どもが手や指を使う遊びをしているときに興味を示す（例：色や形について短い質問をする；遊びに加わる）。

6

〈とてもよい〉7
- 7.1　保育者は、遊具／教材で何を作ったり、何をしたりしているかについてさらに興味を示す（例：何を作ろうとしているのかについて会話をする；子どもの興味に沿って、適度に挑戦できる遊具／教材を選ばせる）。　*2人の別の子どもへの観察*
- 7.2　容れ物や収納棚には、子どもが自分で出し入れできるようにラベルが貼ってある。
- 7.3　保育者は、子どもが的確な言葉を使ったり、関連した概念を理解したり、話した言葉と書かれた言葉を結びつけたりするのを助けるために感想を言ったり質問をしたりする（例：ギアがどう動いたりブロックがどう組み合わさっているかを見る；パズルはどんな絵になるのか話し合う；子どもが描いたものや撮った写真について言ったことを印刷する）。　*1度の観察*

【注　釈】

3.1、5.2　「はい」とするには、規定の時間中通して使えるようになっていなくてはならない。同一種類のものが複数あるのを別々に数えない。

3.2　保育者の助けがなくても子ども自身でできているのなら「はい」とする。

5.1　ここで求められるのは以下の微細運動のための4種類の遊具／教材である。①組み合わせの構成遊具（いろいろな大きさのブロック【訳注：レゴ、デュプロ、井型ブロック、ラキューなど】）、②造形用品（クレヨン、はさみなど）、③指先を使う遊び（紐通し、釘差し、縫物セットなど）、④パズル（大型、ジグゾーパズルなど）。少なくともそれぞれのカテゴリーからひとつは使えるようになっていなくてはならない。子どもの年齢と能力に応じたものだけをカウントする。不揃いであったり使えなかったりするものはカウントしない。

▲▼ 3.1、5.1（組み合わせ遊具の例）円形（左上）、レゴ（右上）、組み合わせブロックの棚（下、英国）

▲ 5.1　レベルの違うパズル

▲ 3.3、5.1　細々とした材料を使って造形活動

サブスケール4 ▶ 活　　動

項目18　造　　形＊

〈不適切〉1

1.1　造形の用具／材料に触れることがほとんどない。＊

1.2　造形の用具／材料を使って自分なりの作品を作ることがない（例：色塗りのワークシート；クラスの一斉活動で全員が似たようなものを作る；例示されたものと同じものを作らなくてはならない）。＊

1.3　保育者は例示に従って作品を完成させるか、汚れるのを防ぐか、用具／材料を間違って使わないようにすることにしか関心がない。

2

〈最低限〉3

3.1　観察時間中、少なくとも25分は線画の材料を使える（例：使える状態のクレヨンやマーカーの量が足りていて、紙などもそろっている）。＊

3.2　造形の用具／材料を使って自分なりの表現をしていたり、展示物に自分なりの表現が見られたりする（例：自由に絵が描ける；自分で好きな絵が描けるイーゼルがある；型抜きではなく好きなものが粘土で作れる）。＊

3.3　子どもが造形の用具／材料を使っているときに保育者の肯定的な関わりがある（例：作品の良いところをほめる；子どもが創作した形や色に注目する）。　　*1度の観察*

4

〈よい〉5

5.1　観察時間中、少なくとも1時間は、それぞれのカテゴリーからひとつ以上の用具／材料を使える。＊

5.2　ほとんどの造形活動で、子どもは自由に用具／材料が使える。＊

5.3　保育者は興味をもった子どもの作品について会話をする（例：「この絵のお話をしてください」「この形はどうやって作ったのですか」）。＊　　*2度の観察*

6

〈とてもよい〉7

7.1　保育者が少し高度な用具／材料の使い方を適切に教えているか、すべての子どもたちが適切な使い方を知っている（例：水彩絵の具の使い方を見せる；空き箱や木片を使って工作をする；簡単な折り紙や切り紙）。＊

7.2　現在クラスで進行中の活動や興味をもたれていることに関係した造形活動がある（例：動物園の遠足の絵；秋の紅葉の絵；最近読まれた本についてのコラージュ）。＊

7.3　保育者は作品についての子どもの言葉を表題として付けたり、もし年長の子どもが望むなら自分で表題をつけさせたりする（例：「あなたは'ぼくの犬が来たよ'ってお話してくれたね。ほら、書いておいたよ。こうすればお母さんが後で読んでくれるよ」）。＊

【注　釈】

＊　造形の用具／材料のカテゴリーとは以下のようなものである。①線画用品；クレヨン、水性マーカー、鉛筆、チョークなど、②絵の具；水彩絵の具、フィンガーペイントなど、③立体物を作る材料；各種粘土、木片、箱など、④コラージュの材料；布きれ、リボン、毛糸、紙紐など、⑤道具；はさみ、テープ、穴あけパンチ、物差し、ステンシル、スタンプとスタンプ台。これらの材料とともに必ず目的に応じた用紙等が必要である。

1.1　"ほとんどない"とは、観察時間中に造形の用具／材料を用いた活動が提供されなかったり、したい子ども全員が活動に参加できなかったり、子どもが満足するにはとうてい時間が足りない場合をさす。

1.1、3.1、5.1　もし鉛筆やクレヨンがワークシートのためだけに用いられているのなら、項目17〈微細運動〉ではカウントされるが、この項目では対象としない。

1.2、3.2、5.2、7.1、7.2　子どもの実際の造形活動と、展示物を見て根拠を見つける。

5.1　「はい」とするには、求められる量の用具／材料が全体の時間を通して使えるようになっていなくてはならない。

5.2　観察時間中に子どもがどのように造形の用具／材料を使っているか、または展示物を見てどのように使われていたかを考慮する。もし指導計画などがあるようなら、それを見る。指導計画には、子どもが例示に従うような保育者主導の活動は2例までにとどまっていなくてはならない。

5.3　"会話"とは2人の人の間で話が行ったり来たりするものでなくてはならない。もし保育者が短い質問をするだけであったり、指示を与えるものであったり、行動の注意を与えるものであったら、「いいえ」である。

7.2　この指標は観察時に話し合いに出てきたテーマや話題にまつわるものであり、過去に話し合われていたテーマに関するものではない。

【訳注：観察当日に話題にならなかったものは対象としない。】

7.3　表題は明らかに最近展示されたことのわかる作品にも見つけられる。

▲ 3.3、5.3　絵を描いているときに保育者との会話がある

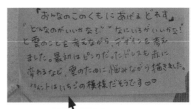

▲ 5.3、7.3　子どもと絵について会話をし、表題を付けている

サブスケール4 ▶ 活　　動

項目19　音楽リズム＊

〈不適切〉1
- 1.1 音楽リズムを子どもがまったく経験しない（例：音楽に関係するものが何もない；歌うことがない；CD等聴くことがない）。
- 1.2 観察時間中のほとんどに大きなBGMが流れており、進行中の活動を妨げている（例：保育者や子どもが音楽に負けないように声を張り上げている；静かなサークルタイムの間も流れている；騒がしい部屋でいっそう騒がしくなっている）。

2

〈最低限〉3
- 3.1 観察時間中、最低25分は、子どもは少なくとも3種類の音楽の遊具／教材を使える（例：簡単な楽器；音楽の遊具；CDプレイヤーなど；適切な音楽が流れるラジオ）。＊
- 3.2 BGMは他の活動を妨げていない。＊
- 3.3 観察時間中、保育者は、子どもが全員で歌うときと自分で自由に歌うときのいずれにせよ、子どもが歌うのを励ましている。
- 3.4 保育者主導の集団での音楽活動は心地よいものでおおむね全員が楽しんでいる。＊　無回答可

4

〈よい〉5
- 5.1 子どもが自由遊びの間に1時間は多くの音楽の遊具／教材を使える。＊
- 5.2 自由遊びの間に、保育者が子どもたちと歌を歌うか、ダンスやわらべ歌遊びなどをしているのが観察される。
- 5.3 リズム遊びやダンスなどの活動が観察される。
- 5.4 保育者は子どもたちに進んで活動に加わるよう促す（例：ダンスをする；手拍子を取ったり一緒に歌ったりする）。＊

6

〈とてもよい〉7
- 7.1 子どもはもし興味がなかったらグループでの音楽活動に参加をしなくてもよく、他の興味ある活動ができる。＊　無回答可
- 7.2 保育者は韻を踏んでいる歌詞に注目させたり、音の繰り返しに気づかせたり、身振りをつけながら子どもと一緒に手遊びをしたりする。　1度の観察
- 7.3 保育者は年長児の場合には自分なりの韻や新しい歌詞を考えたりするように励ます（例：やり方を示して自分でもやってみるようにいう）。＊　1度の観察　無回答可

【注　釈】
* この項目では、楽器が使えたり、CD等を聴いたり、歌ったり、リズム遊びなどのように、子どもの日常的な音楽経験が観察されたときに評点を与える。観察時間中にはいたとしても、ふだんはほとんどいない音楽教師が音楽の経験を与えていても、カウントしない。

3.1 保育者がCD等をかけることも含み、これは子どもが触れる音楽の1つとカウントする。それぞれの楽器は1つの教材として数える。

3.2 もしまったくBGMが使われなかったら「はい」とする。「はい」とするには、本を読むときや歌を歌うときに関係のないBGMをかけているのが観察されてはならない。音量が大きすぎて室内に響き渡ってはならない。またそのために話し声が大きくなったり、静かな活動をじゃましたりしてはならない。

3.4 "おおむね"とは少なくとも75%の子どもを意味している。もし保育者主導の活動がなければ、「無回答」とする。

5.1 "多くの音楽の遊具／教材"とは、子どもが手に取れるよい状態の楽器が最低10あるか、集団活動のときに少なくともどの子どもも1個の楽器を持てることを意味する。もしすべての楽器が同じものである場合は評点を与えられない。子どもと保育者のどちらが使用していても、CDのデッキ等は1個の用具とみなして評点を与える。

5.4 音楽がまったく観察されなければ、「いいえ」とする。もし全員の子どもがすでに参加していれば「はい」とする。肯定的な誘いかけは認められるが、興味のない子どもに参加を強制してはならない（たとえば、ダンスをするように手を引っ張る、一緒に歌わない子どもを叱る）。

7.1 集団での活動がなければ「無回答」とする。もし子どもが集団での音楽活動に参加するように求められても興味をもっており問題が起こらなければ、この指標に対しては評点を与えることができる。もし子どもに参加意欲がなかったり自分にとってより興味のある活動が他にあったりするならば、「いいえ」とする。

7.3 全員が4歳未満の場合にのみ「無回答」が認められる。

▲ 5.1　園庭の中にいろいろ楽器がある（英国）

▲▼ 3.1、5.1　楽器コーナー（上）、いろいろ楽器を並べてひとりでセッション？を楽しんでいる（下）

サブスケール4 ▶ 活　動

項目20　積　み　木

〈不適切〉1
- 1.1　子どもの使える積み木がない。＊
- 1.2　保育者は子どもが積み木で遊んでいるのをほとんど見ないか興味を示さない（例：積み木を組み立てるよう励まさない；けんかを止めるか片づけのときだけ声をかける；積み木遊びについて話さなかったり、組み立てられたものを認めなかったりする）。

2

〈最低限〉3
- 3.1　観察時間中、最低25分は、最少2人の子どもがそれぞれに遊ぶのに十分な量の積み木と付属品がある。＊
- 3.2　2人の子どもがそれぞれ遊んでも支障がないくらいの広さの床面がある。＊
- 3.3　積み木とその付属品は組織的に収納されている。＊
- 3.4　保育者は、子どもが積み木で遊んでいるときに肯定的な関わりをする（例：子どもが積んでいるときに肯定的なコメントをする：積み木で遊んでいることに興味を示す；形について質問する）。

4

〈よい〉5
- 5.1　3人の子どもがそれぞれに遊ぶのに十分な広さ、十分な量の積み木と3種類の付属品がある。＊
- 5.2　ほとんどすべての積み木や付属品はラベルの付いた開放棚に収納されている（例：写真や積み木の略図などのラベルが貼られている）。＊
- 5.3　積み木専用の平らなスペースがあり、積み木等を収納できる棚がある（例：表面が平らな敷物や床；行き来のない場所）。＊
- 5.4　観察時間中、最低1時間は、積み木の活動センターで遊べる。＊
- 5.5　保育者が、積み木で遊んでいる子どもとたくさんの会話を交わす（例：積み木で何を作っているか、どの形が好きかなどについて質問する；子どもと構造物の写真について話をする）。

6

〈とてもよい〉7
- 7.1　大型積み木が身体を動かして遊べる場所にあり、遊べる。＊
- 7.2　保育者が積み木遊びと書き文字を結びつける（例：作ったものについての子どものコメントを書き留める；写真を取って説明文をつける；使った積み木の形について書く）。＊
- 7.3　子どもが興味をもつ方法で積み木の形について算数の観点から知らせる（例：形や大きさに注目し「〜より大きい」「〜より小さい」など話す；「この四角を2つ合わせると正方形になりますよ」；積み木の数；何かを測る）。　*1度の観察*

【注　釈】

1.1、3.1、5.1、7.1　構成遊びで使われる遊具／教材には多くの種類があるが、これらの指標で意味しているのは基尺のあるユニット積み木と箱積み木である。突起を組み合わせるようなブロックや文字積み木のようなものはここでは対象としない。ユニット積み木の素材は木、プラスチックなどである。セットの中にはいろいろな形があるが、単位となる積み木があって、その1ユニットの倍数で他の積み木ができているというものである。箱積み木は木、段ボール、プラスチックなどでできており、大きな構造物を作ることができる。こちらも基本となるサイズがあり、その組み合わせでいろいろな大きさと形がセットになっている。

3.1、5.1　"付属品"とは積み木遊びのなかで積み木と一緒に使われるおもちゃのことである。付属品は、積み木遊びを活性化させるべきものであり、子どもが積み木遊びの一部として使えるように積み木と一緒に収納されていなくてはならない。付属品には、①小さな人、②車、③動物、④その他積み木遊びを刺激するような道路標識、フェンス、木、小さな建物などがある。もし車やその他のおもちゃが建物を壊す目的で使われていれば、それらのおもちゃは付属品とはみなさない。

3.1、5.1　積み木の量はどの程度必要であるかについては、観察クラスの子どもの発達に応じているかどうかを考慮する。年長の子どもは、高く複雑な建物、広く長く延びていく道路などを作るが、年少の子どもはそれほどの量を必要とはしないだろう。

3.2　広さの程度は年齢により異なり、一般的に年少の子どもには、大きく複雑なものを作る年長児ほどの広さは必要ではない。積み木遊びのためのスペースは積み木の使用を妨げるような他の目的に使われてはならない。また積み木の大きさによっても必要な広さは異なってくる。

3.3　"組織的に収納"されるには、異なるセットの積み木（例：木のユニット積み木、プラスチックのユニット積み木、大きな段ボール積み木、手製の積み木）が一緒くたになっていてはいけない。とはいえ、同種の積み木の形まで揃えなくてもよい。

5.2　評点を与えるには、子どもにとって役に立っていなくてはならない。積み木は形と大きさ、タイプによって分けて収納され、収納場所にはその積み木のイメージが伝わるような略図などのラベルが付いていなくてはならない。文字だけでは評点は与えられない。もし付属品が入れ物に入れてあるのなら、その入れ物と棚の両方にラベルが必要になる。わずかの例外は認める。

5.3　もし積み木活動センター（コーナー）に他の遊具／教材が置かれており（微細運動用の突起付きブロック、大工道具、床用の大型パズル、建築の絵本など）、何らかの形で積み木遊びのじゃまをしているようであれば、積み木専用コーナーとしては認めない。とはいえ、センターがゆったりと広く3人の子どもがそれぞれに積み木ができるのであれば評点を与える。

5.4　ときには複数の積み木のエリアが観察時間中に見られることがある。たとえば、ひとつは保育室内の積み木活動センターに、ひとつは遊戯室に、というようにである。この2か所のセンターでの時間は合わせて計算する。1時間遊べると計算できるには、センターが5.1から5.3までの基準を満たしていなくてはならない。

7.2　評定のときには、目下の展示物も考慮する。

▲ 3.2、3.4、5.1、5.3、5.5　積み木でお話を再現している

サブスケール4 ▶ 活　　動

項目21　ごっこ遊び（見立て・つもり・ふり・役割遊び）＊

〈不適切〉1

1.1　2人の子どもが楽しく遊べるようなごっこ遊びのための遊具／教材や家具がない（例：子どもがおもちゃの取り合いをする；遊具／教材や家具の修繕が不十分である；遊びが他のエリアに入りこんでじゃまになる）。

1.2　ほとんどのごっこ遊びのための遊具／教材が壊れていたり、不揃いであったり、使えない状態であったりする（例：皿や食べ物のおもちゃがほとんどない；キッチンキャビネットで流しがない；衣装などがクローゼットに詰め込まれて取り出しにくい）。

1.3　保育者が、問題行動以外にはごっこ遊びをしている子どもを無視している（例：けんかをなだめたり使う順番を決めたり、声が大きすぎるときに注意するだけである）。

2

〈最低限〉3

3.1　観察時間中、最低25分はごっこ遊びのための遊具／教材や家具が使えて、子どもは家族ごっこをして遊ぶことができる（例：扮装用の衣装；ままごとの道具；人形）。＊

3.2　保育者が、子どものごっこ遊びにある程度応答している（例：衣装を着るあるいは人形に服を着せるのを手伝う）。＊

3.3　保育者の関わりは肯定的あるいは自然なものである（例：遊びに入って話しかける；遊びについてコメントをする）。

4

〈よい〉5

5.1　人形、子どもサイズの家具、おもちゃの食べ物、ままごと道具、男の子・女の子用の衣装など、量も種類も多いごっこ遊びのための遊具／教材がある。＊

5.2　ごっこ遊びの活動センターがあり、観察時間中、5.1で示されている遊具／教材で最低1時間は遊べる（例：適度に組織的に収納してある；遊具／教材は出し入れしやすい）。＊

5.3　保育者は、子どもが遊んでいるときに遊びに加わるが主導するのではなく、会話を交わしている（例：子どもの遊びを家庭での経験に結びつける；園外保育の経験を取り入れる）。　*2度の観察*

6

〈とてもよい〉7

7.1　ごっこ遊びのなかに多様性を表す例が少なくとも4つある（例：異なる人種／文化の人形；異なる文化の食べ物のおもちゃ；障がい者が使う道具）。

7.2　保育者が、子どもにとって意味のあるやり方で、ごっこ遊びのなかの文字や数について子どもと話す（例：レストランのメニューの値段について話す；お店屋さんごっこで子どもが値札を付けるのを手伝う；電話帳を見ながら電話するふりをする）。＊

【注　釈】

*　ごっこ遊びとは「〜のふり」をしたり「〜というつもり」になったりする遊びである。このタイプの遊びは、子どもが役割を身体的に表出するときに現れる。子どもは小さな人形や動物、車で、たとえばドールハウスのようなものを使って遊び、そのような小さなふり遊びは積み木コーナーや微細運動のコーナーでしばしば見受けられるが、この項目にはカウントしない。子どもに正しい家事のやり方、たとえばテーブルを拭くとか銀食器を磨くことを教えるために設定された遊びもこの項目にカウントしない。子どもは自由に自分自身のやり方で遊具／教材を使っていなければならず、何かのつもりになって取り組んでいるときに、この項目に沿って評点を与える。

3.1　遊具／教材は3時間の観察中少なくとも25分は使えるようになっていなくてはならない。

5.1　この指標では、遊具／教材が量・種類共に多いことを求めている。同時に、量・種類共に多い中には、人形や食べ物のおもちゃなど基本的なものが含まれていなくてはならない。とはいえ、特定のものがあるからといって量・種類共に多いとはいいがたい。その他のままごと用の遊具だけでなく、異なる種類の仕事（例：事務職、医者、店員、レストランのスタッフ、消防士、警察官）、ファンタジー（例：脅かすものではなく、何かになったつもりになれる）、あるいはレジャー（例：キャンプ、スポーツ）の衣装や小道具などで遊べるようになっているべきである。評点を与えるには、子どもがふり遊びで使えるような遊具／教材が豊かでなくてはならない。

5.2　"活動センター"の意味は用語解説を参照。

7.2　このような活動が最近に行われた証拠として、展示だけでなく、明らかに進行中のトピックのしるしとして小道具が付け加えられているようすであったり、クラス内の会話に出てきたりするかどうかを探す。

▲▼5.1　「けいとやさん」の店（上）、クレープの店（下）

サブスケール4 ▶ 活　動

項目22　自然／科学

〈不適切〉1
- 1.1　自然／科学の遊具／教材がまったくない。*
- 1.2　観察時間中に、保育者が子どもと自然／科学について話すことがない（例：天気や季節を知らせる；動物についての実話を読む；水温について知らせる）。
- 1.3　保育者が自然界のことについて興味を示さなかったり嫌っていたりする（例：大きなクモを見て適切な態度が取れず恐怖を示す；自然のできごとを無視する）。

2

〈最低限〉3
- 3.1　観察時間中、最低25分は、2種類以上のカテゴリーの中から少なくとも5の発達にふさわしい遊具／教材に接する（使う）ことができる。*
- 3.2　観察時間中、保育者が子どもと自然／科学について話をする（例：お天気絵図を使う；絵の中の動物の名前をたずねる；おやつのときに健康によい食べ物について話す）。* *1度の観察*
- 3.3　観察時間中、最低25分は、適切なおもちゃを使って砂か水で遊べる。*

4

〈よい〉5
- 5.1　自然／科学の活動センターがあり、観察時間中最低1時間は、5のカテゴリーの中から最低15の自然／科学の遊具／教材に接する（使う）ことができる。*
- 5.2　保育者が、子どもと一緒に自然／科学の遊具／教材を使って話をしている。　*1度の観察*
- 5.3　保育者が、環境に配慮する手本となる（例：資源の有効活用のために水を大切に使ったり不要な電灯を消したりする；リサイクルをする；虫の役割について話す）。　*1度の観察*

6

〈とてもよい〉7
- 7.1　保育者が率先して、自然／科学の遊具／教材を用いて、測ったり、比べたり、分類したりする（例：貝殻を色、形、大きさで分けるのを示す；松かさを大きさの順に並べる；乾燥しているときと湿気が多いときについて話をするのに降雨図を使う；いろいろな自然物の重さを予測する）。*
- 7.2　子どもが観察できたり、世話ができたりするペットや植物が1つ以上あり、子どもの話題になる（例：クラスの水槽、ハムスター、ハツカネズミなど；餌箱にやってくる鳥）。　*1度の観察*

【注　釈】

1.1、3.1、5.1　"自然／科学の遊具／教材"に含まれるのは以下のとおりである。①生き物＝子どもが間近に観察したり世話ができたりする（栽培物、ペット、庭）、②自然物（鳥の巣、葉っぱ、透明な容器の中の昆虫、岩、貝殻、種のコレクション）、③図鑑／自然科学の写真のゲーム、④道具（虫眼鏡、磁石）、⑤砂や水とそれ用のおもちゃ（計量カップ、スコップや容器）。自然／科学の遊具／教材は容易に見つけられるときに評点を与える。たくさんの本の中から自然／科学の本がようやく見つかったり、積み重なっているパズルの中から引っ張り出したり、子どもからは容易に見えないところに植物があるようでは、認められない。

3.3、5.1　砂や水、それ用のおもちゃは室内にも戸外にも置ける。砂や水用のおもちゃは常に必要である。別々のときに砂や水で遊べるのであれば、それぞれ基準を満たすかどうかを見る。たとえば戸外で砂遊びをして室内で水遊びをするなら、それぞれが基準を満たすかどうかを見て、あわせた長さで時間の条件が満たされるかを考慮する。

5.1　"活動センター"は少なくとも5冊の自然／科学の本を備えていなくてはならない。求められる時間中には15の遊具／教材を使える（接する）ようになっていなくてはならない。活動センターの定義については用語解説を参照のこと。砂や水は必ずしも活動センター内に置かれることが求められてはいないが、求められる時間中に使えるのであれば、それぞれを15のうちにカウントすることができる。

7.1　観察時間中に見られるか、明らかに最近の展示物や設定からわかるようであれば、「はい」とする。たとえば、保育者が活動を準備し子どもたちにやり方を示していることが観察されるか、子どもたちが自分たちだけでその活動をしているのが観察される場合である。「はい」と評定されるには、少なくとも2つの根拠が観察されなくてはならない。例としては、以下のようなことがあげられる。葉っぱや貝殻を形・色・大きさにより分類する、雨量を測定しグラフにして発見をする、雲の写真を撮り違ったタイプの比較をする、磁石を用いてくっつくものとくっつかないものに分ける。

▲ 1.1、3.1、5.1　（自然物の例）お話にちなんで植物がディスプレイされている

▲ 3.3、5.1　室内に置かれた砂箱

▲ 7.1　気温測定をし、グラフに表す

サブスケール4 ▶ 活　　動

項目23　遊びのなかの算数＊

〈不適切〉1
- 1.1 遊びのなかで算数の遊具／教材がほとんど、あるいはまったくない。
- 1.2 保育者は、算数の遊具／教材の使い方を子どもに知らせず、一緒に遊ぶこともない。
- 1.3 算数に関わる活動のとき、ほとんどの子どもにやる気がない（例：発達にふさわしくない；活動中に気が散りがちであるか不満を感じている；自分からめったに算数の活動を選ぼうとしない）。＊

2

〈最低限〉3
- 3.1 それぞれのカテゴリーから、少なくとも2種類の遊具／教材があり（例：数える／量を比較する；測る／大きさを比較する／分数；形に親しむ）、観察時間中、少なくとも25分は使える。
- 3.2 保育者は、子どもが遊具／教材で遊んでいるときに、算数について情報を与えたり基本的な質問をしたりする（例：パズルの形をいう；紐通しのビーズの色のパターンをいう；「大きい」「小さい」について話す；「いくつある？」「どんな形？」などたずねる）。　*1度の観察*
- 3.3 算数の活動にほとんどの子どもが興味をもって参加している（例：ほとんどの子どもが算数に関係してカレンダーに興味をもつ；集まりのときに数を唱えることを楽しむ）。＊

4

〈よい〉5
- 5.1 それぞれのカテゴリーの中から、少なくとも3種類、合計10以上の遊具／教材があり、観察時間中に少なくとも1時間は使える。
- 5.2 保育者は、子どもが遊具／教材で遊んでいるときに、しばしば遊びに加わる（例：質問をする；熱心に質問に答える；使い方を教える）。　　*3度の観察*
- 5.3 保育者は、子どもに指を使って数を表すことを促す（例：歌の中で；年齢を言うとき；数を数える絵本を読むとき）。＊
- 5.4 保育者は子どもが算数の遊具／教材を使うように励まし、うまく使えるように助ける（例：天秤ばかりを用意して使い方を知らせる；形合わせゲームのやり方を知らせてどの形が同じであるかを言えるようにする）。＊

6

〈とてもよい〉7
- 7.1 保育者は、算数の遊具／教材を現在クラスで興味をもっていることに関連づける（例：朝食に何人が何を食べたかをグラフで表す；昆虫が話題になっているときに昆虫を数えるゲームをする；秋について話しているときに大きい／小さい葉のゲームをする）。　＊　*1度の観察*
- 7.2 保育者は、ものごとの原因と結果の関係を考えられるような質問をする（例：「もしこちらに羽をのせて、反対側に積み木を乗せたらどうなると思いますか？」「この四角に別の四角を横につけたらどうなると思いますか？」）。＊　*1度の観察*
- 7.3 一歩進んだ保育者の関与が行われて適切な算数の活動がある（例：貝殻を種類別に分けてチャートに表し何らかの比較を行う；クッキングのとき計量をする）。＊　*1度の観察*

【注　釈】

* "算数"に関して3項目あることに注意する。評定を始める前に、よく読んでなじんでおくようにする。

　この項目で、"算数の遊具／教材"とは、子どもが遊びながら数量や形になじみ、算数の学びに向かう力を育てるような遊具・教材のことをさす。この項目では、ポスター／本、および他の展示物、あるいは数字が印刷されているようなおもちゃの電話やレジスターについてもカウントしない。そのような項目は書かれた数字について理解するということであり、項目25〈数字の経験〉で対象とする。すべての遊具／教材は、適切なものでなくてはならないが、その意味は、安全で、望ましくない社会的メッセージを与えるものではなく【訳注：偏見を生まない】、子どもの興味とやる気をそそり、常にうまくいかずに欲求不満になるということがないということである。いくつかの遊具／教材は次の3つのカテゴリーの2つ以上に分類されるかもしれないが、1つのカテゴリーに限定してカウントする。

　算数の遊具／教材は以下の3つのカテゴリーに分類される。

①数える／量を比較する＝数字ブロック；数を数える遊び；多いか少ないかで勝ち負けの決まるゲーム；チャート【訳注：絵で表す棒グラフのようなもの】やグラフを作る活動；ドミノ；トランプ；さいころ遊び；そろばん；マッチングさせる数字のついた釘差し；数字合わせのパズル；パターン表のついた紐通し。

②量る／大きさ・大きさの比較＝計量スプーンや軽量カップ；天秤ばかり；物差し、巻き尺など；サーモメーター；足のサイズの測定器；身長表；いろいろな分数遊び；幾何学模様のパズル。

③形に親しむ＝形の分類遊び；幾何学模様のパズル；片づけ場所に形のイメージがわくようなラベルがある積み木；図形作り遊び；サイズ、形、色により分類できる積み木；パターンのある寄木積み木；磁石の図形；型抜き。

1.3、3.3、5.4、7.1、7.2、7.3　ここでいう算数の"活動"とは、保育者が主導となり、子どもが自由遊びのときに自分なりに遊ぶだけでは限界のあることについて幅を広げたり深めたりするものである。一般的に保育者が一定のねらいをもって、特定の遊具／教材を使う形になる。自由遊び時に希望する子どもが参加する場合、小グループまたはクラス全体での活動の場合がある。適切な算数の活動はいずれかの時点ですべての子どもが経験しなくてはならないが、どの子どもも毎日経験しなくてはならないということではない。一部の進んだ子どもだけのために算数があるのではないことを確認しておこう。あまり進んでいない子どもは数を比べるときに大小を比べるであろうし、進んだ子どもは足し算・引き算をするだろう。進んでいない子どもは形を区別するだけの一方で、進んだ子どもは形の変化について話し合い自分なりに新しい発見をするだろう。

3.3　これらの活動は、子どもはクラス全体、小グループ、1人のときのいずれでも行える。全部の活動について考慮する。

5.3　もし子どもが数を表すのに指を使うのが観察されなかったり、保育者がそれを促していなかったりすれば、「いいえ」とする。たとえば、もし保育者が数を表すのに指を使っているのに、子どもにそうするように促さなかった場合も「いいえ」である。

7.1　観察時間中に使われていなかったら、展示物は評定の根拠としてはみなさない。

▲ 3.1、5.1（数字の遊具／教材の例）　数字を順番に並べるゲーム（シンガポール）

▲ 3.1、5.1（量る遊具／教材の例）　木の実や果物の重さ比べ

サブスケール4 ▶ 活　　動

項目24　日常生活のなかの算数＊

〈不適切〉1
- 1.1 保育者が、日常生活のなかで算数に関わる言葉を使わない（例：「片づけまであと5分です」「最初に上着を着て、次に外に出ます」「四角いテーブルについてください」）。
- 1.2 保育者が、子どもを怖がらせたり罰を与えたりするときに、1度でも算数に関わる言葉を使う（例：「3つ数える間にしなかったら、あなたはここにいられません」）。＊
- 1.3 保育者が、子どもが算数の話題が理解できなかったり適切に反応できなかったりしたときに、イライラしたり否定的な対応をする（例：2つだけ取るように指示して子どもが3つ取ったときにあからさまに苛立つ；人数が3人と限られているコーナーに入ってきた4人目の子どもに「3人までですよ」と怒る）。

2

〈最低限〉3
- 3.1 保育者が、移行時間や生活の決まった活動をするときに、時に応じて数えたり、算数に関わる言葉を使ったりする（例：子どもが手を洗うときに数を数える；片づけまでの時間を伝える；説明するときに「最初に」「2番目に」「3番目に」という言葉を使う）。　*1度の観察*
- 3.2 保育者が、算数とは直接つながらない場面でも時どき算数に関わる言葉を使う（例：積み木の塔に何個使われているか数える；積み木の大きさと形を分けて片づける；子どもの絵に何色使われているか指さしながら数える）。　*1度の観察*
- 3.3 クラスで集まったとき、日々のことがらに関連して算数に関わる話をする（例：出席者と欠席者の数を数える；週末まで何日あるか数える）。＊　*1度の観察　無回答可*

4

〈よい〉5
- 5.1 保育者が、算数について毎日取り上げる（例：テーブルの置き方の説明；食器を並べるときにテーブルの形について話す；手を洗うときに20数える；料理を取り分けるときに計量カップを使う）。＊　*2度の観察*
- 5.2 保育者が、算数と直接つながらない場面でも、子どもに算数の経験ができるようにする（例：植物の水やりをするのに計量カップを使うことを話す；ままごとで人形にいくつティーカップを用意するか話す）。　*2度の観察*

6

〈とてもよい〉7
- 7.1 保育者が、子どもが数字や形に毎日の生活のなかで触れられるような環境を整えている（例：遠足までの日数を数える；時計の数字を見て、外に出て遊ぶまでのどのくらいあるかを話す；散歩のときに交通標識の形について話す）。　*1度の観察*
- 7.2 保育者が、算数と直接つながらない場面でも、子どもとやりとりするとき、数字を使いながら理由を考えるようにしむける（例：「もう1人ここで一緒に遊べるかどうかはどうすればわかる？」「全員に行き渡るだけのクレヨンがあるかどうかを調べるにはどうしたらいい？」）。　*1度の観察*
- 7.3 4歳以上の子どもは少し複雑な算数が関係する経験を与えられる（例：グループの人数を数え欠席者がわかる；テーブルが置けるかどうか巻尺を使って調べる；遠足の話をするのに地図を使いどのくらいの距離があるかを調べる）。　*1度の観察　該当年齢児がいなければ無回答可*

【注 釈】

＊ "日常生活"とは、遊ぶ時間、算数とは関わりのないクラス全体活動や小グループ活動、移行時間、ルーティンの時間など日々の日課をさす。"日常生活のなかの算数"とは、算数に直接関わる活動ではないときに、算数にまつわる言葉や考え方を使うことである。そのような経験は子どもが日常生活のなかで算数の大切さに気づくことを助け、さらに子どもたちがいろいろな経験のなかに算数を生かすことを助ける。

1.2 保育者の算数に関わる言葉が明らかに否定的であったときに「はい」とする。数を読むときには、しばしば、「10数えるまでにきちんとしなかったら、外に行けませんよ」などのように、脅かしの気持ちが含まれがちである。算数に関わる言葉は、どれだけ素早く片づけができたかとか、肯定的なやり方でも使えるが、脅かしが含まれていない場合は、取り上げない。

3.3 1度観察できれば「はい」とする。クラスで集まることがなければ「無回答」とする。

5.1 子どもが自分で行っているのは（例：食べ物を計量カップで測る）取り上げない。「はい」とするには、保育者が子どもの理解を図るために、算数に関わる言葉を付け加えている場合である。

5.2 保育者と子どもの双方が興味をもって会話が成立していなくてはならない。

サブスケール4 ▶ 活　　動

項目25　数字の経験

〈不適切〉1
- 1.1　展示物にある数字に、その意味がわかるような絵がついていない。
- 1.2　子どもの目につくところに数字がまったく見当たらない。＊
- 1.3　子どもに対して、数字の読み書きについて不適切な期待がみられる（例：数字の読みまたは書きがむずかしすぎる；質問に対する答えの間違いが多すぎる；むずかしすぎるワークシートをやらされる；保育者が、子どもが興味を示さないときに否定的な応答をする）。

2

〈最低限〉3
- 3.1　展示物の中にある数字には絵がついていて、その意味がわかるようになっている（例：活動センターの定員は何人かが指の数でわかるようになっている；数字と物の個数が絵で対比されているポスター）。
- 3.2　観察時間中に、子どもは、数字がついた遊具／教材を使える（例：おもちゃの電話；文字のついた台所の家具；おもちゃのお金；書き物センターの数字の型抜き）。＊
- 3.3　保育者が、子どもが3.2で示した遊具／教材を使っているときに数字を指さし、子どもが興味をもつように話をする。＊　*1度の観察*
- 3.4　保育者が、数字と実際の絵や物の数を関連づけることがある（例：保育者がパズルや数の本にある数字を指さし、子どもが数を読むようにする）。　*1度の観察*

4

〈よい〉5
- 5.1　観察時間中、子どもが数字の意味を理解するのを助けるような少なくとも3種類の異なる遊具／教材がある（例：数字カードと数字と同じ数の点が描いてあるカードをマッチさせるパズル；指の数で数字が示されているパズル；簡単な数字のゲーム）。
- 5.2　観察時間中、最低1時間は5.1の遊具／教材で遊べる。
- 5.3　保育者は子どもに遊具／教材をどうやって使うかを示して、書かれた数字の意味について話す（例：子どもと何個あるか数えて数字を読む；子どもが数字を続けて使うときに「1番目は、2番目は、3番目は」という；大きさや量の違いを見せるのに定規や温度計などの数字を指す）。＊　*1度の観察*

6

〈とてもよい〉7
- 7.1　子どもが書かれた数字の意味がわかるような遊具／教材が、少なくとも5種類ある。
- 7.2　観察時間中、最低1時間は7.1の遊具／教材で遊べる。
- 7.3　保育者はしばしば、子どもに遊具／教材をどうやって使うかを示して、書かれた数字の意味について話す。＊　*2度の観察*
- 7.4　時どき、保育者か子どもが、書かれた数字を指の本数で示している（例：数の本やポスターの数字を読むとき；数字の書かれたおもちゃを使うとき）。　*2度の観察*

活　動

【注　釈】

1.2、3.2　本についているページの数字は考慮しない。「数える」本については考慮する。

3.3、5.3　子どもが使う遊具／教材に数字がついていなくても、子どもや保育者がそれに関連して数字を手書きしたものを使っていればカウントする。

5.3、7.3　子どもが遊具／教材の使い方をよく知っているのなら保育者はやり方を教える必要はないが、数字の意味するところについて話をしているかどうかを観察しなくてはならない。

サブスケール4 ▶ 活　動

項目26　多様性の受容

〈不適切〉1
- 1.1　子どもが容易に見れるような、人種や文化の多様性を示すものがない。＊
- 1.2　遊具／教材は人種や文化、年齢、能力、性別役割のステレオタイプを示している。＊
- 1.3　保育者が、明らかに他の人に対する偏見を示している（例：異なる人種や文化の人に対する偏見；障がいのある人に対する偏見）。＊

2

〈最低限〉3
- 3.1　少なくとも3例の、人種や文化の多様性を示す遊具／教材が、常に経験されている。＊
- 3.2　遊具／教材は多様性を肯定的に示している。＊
- 3.3　保育者は、通常、ジェンダーを固定的にとらえるような遊具を置いたり活動をしたりせずに、男児と女児の両方が自分の興味・関心に従うようにする。＊

4

〈よい〉5
- 5.1　ごっこ遊びの場に、異なる人種や文化を表す小道具が、少なくとも2例ある。＊
- 5.2　多様性が肯定的に示され容易にみてとれる例が、本、掲示物、使える遊具／教材それぞれにつき少なくとも1あり、全部で10例以上観察される。＊
- 5.3　保育室内の遊具／教材は、5種類の多様性のうち、4種類を示している（例：人種、文化、年齢、能力、伝統的でない性別役割）。＊

6

〈とてもよい〉7
- 7.1　遊具／教材に示された多様性に加え、学びの活動のなかに多様性が含まれている（例：通常の言語以外の言語で歌を歌う；さまざまな文化の音楽を演奏する；手話言語をいくつか使う）。＊　*1度の観察*
- 7.2　保育者は、子どもと、人々に共通しているところと異なるところがあるための良さについて肯定的な話し合いをする。＊　*1度の観察*

【注　釈】

1.1、3.1、5.2　遊具／教材の多様性とは以下のものを含む。異なる人種や文化の人形；本の中の絵；掲示板などのよく見えるところの写真；バイリンガルの子どもの第1言語で歌われる歌。いくつかの種類のものが揃って多様性を示すことになる。たとえば、アジアの人形だけがあるのではなく、他の地域の人形があるなど、複数の種類が揃うことで多様性が示される。多様性の例としては、2種類の人種の子どもの写真とか、障がいのある子どもとない子どもが登場する絵本のように1個のアイテムの場合もあれば、異なる人種の絵本が2個のアイテムであるが近くに置いてあるか同じ本棚にあるという場合もある。食べ物のおもちゃや扮装については個々のそれぞれ異なる文化を代表しているかどうかを見る。ある文化を代表するような食べ物と一般的な食べ物を対比させて多様性を認めることはしない。つまり、ピザ（イタリアン）はタコス（メキシカン）、すし（日本）と対比させると多様性を認められるが、通常の野菜や果物とでは対比させられない。1個のアイテムは1度だけカウントする。クラスに在籍する子どもの写真は多様性とはとらえない。

1.2、3.2、5.2　本項目での遊具／教材の多様性のカテゴリーには、人種、文化、年齢、および非伝統的またはステレオタイプの性別役割分担が含まれる。

1.3　目立っており、故意があり、繰り返し偏見がみられた場合のみ「はい」とする。もし、「政治的に正しくない」あるいは「文化に対する配慮がない」発言や行為が単独で観察されても「はい」とはしない（例：保育者が子どもに"インディアンすわりをしましょう"という）。とはいえ、保育者の自覚を促すためには、このような例についてはスケールの使い方の指導を行う際に例として提示するべきである。

3.2、5.3　もし、「カウボーイとインディアンおもちゃ」などのような、ある種のステレオタイプまたは暴力が見受けられたら、「いいえ」とする。ここではジェンダーの平等も考慮されなくてはならない。男性／男児が伝統的・男性的な、一方で女性／女児が伝統的・女性的な活動をしているような描写は受け入れられる。とはいえ、伝統的な役割分担が目に入るのであればバランスをとるためにジェンダーをステレオタイプではなく描いたものを同じように目に付くところに示しておくべきである。ステレオタイプでない性別役割分担を目に見える形にしたものの例としては、たとえば建設業、スポーツ、赤ちゃんの世話などで男性も女性も同じことをしている描写がある。たとえどのようなものであっても、ジェンダーのステレオタイプが否定的に描かれているものには評点を与えられない。子どもが見て問題となるようなものを探すが、否定的な例を執拗に探す必要はない。歴史的・文化的な伝統が示されていても、一方で非伝統的・現代的な描写があればバランスが取れる。たとえばもし伝統的なアフリカの文化が遊具／教材の中にあるようなら、現代的なものも含まれていなくてはならない。

3.3　たとえば男児も女児も消防士のかっこうをしたり、大工になったり、皿洗いをしたり、人形遊びをしたりするということである。

5.1　異なるタイプとは、たとえば、異なる人種の人形、特別の文化の食べ物や調理器具、エスニックな洋服などである。5.2でカウントされたパペットやブロック付属の小さな人形などはここには含めない。

5.2　ごっこ遊びの小道具については5.1でカウントするのでここでは取り上げない。とはいえ、パペットやブロック付属の小さな人形を5.1でカウントしない限りこちらで取り上げる。絵本については、表紙で多様性の例が容易にみてとれるが、積み上げてあったり棚やかごの中に詰め込んであったりすれば容易にみてとれるとはいえない。

7.1　学びの活動がここでは観察されなくてはならない。環境として整備されているものに子どもが接するということではない。

7.2　たとえば、同じように音楽を楽しんだり、食事や建物や洋服を必要とするが、文化によって祝日の楽しみ方が違い、異なる食べ物や歌、ゲームを楽しめるということである。

3.1
◀ 絵本、地球儀、写真集などが小さなテーブルの上にまとめてある

サブスケール4 ▶ 活　　動

項目27　ICTの活用＊

〈不適切〉1
1.1　観察時間中、電子メディアで用いられている内容が発達にふさわしくない（例：暴力的な内容；脅かすような登場人物や物語；テレビ番組の内容が人種的偏見を含む；むずかしすぎるコンピュータゲーム）。＊
1.2　電子メディアの利用がどんな子どもであれ30分を超える。＊
1.3　電子メディアの起動後、その使用について保育者がまったく関わらない。

2

〈最低限〉3
3.1　観察時間中、用いられている内容のすべてが、暴力的でなく、文化的に配慮され、そのグループの子どもにふさわしい。＊
3.2　観察時間中、テレビ／ビデオ視聴時間は10分以内に限られる。＊　*無回答可*
3.3　電子メディアが用いられているときでも、通常、他の活動が用意されている。

4

〈よい〉5
5.1　観察時間中、用いられている内容は型通りの答えや思いつきを求めるものではなく、問題解決型である（例：マッチング、順序性、よく考えた上での決断）。
5.2　観察時間中、テレビ／ビデオ以外の電子メディアの利用はひとりあたり15分以内に限られる（例：スマートボード、コンピュータ、ゲーム機、タブレット）。＊　*無回答可*
5.3　電子メディアは多くの自由遊びのうちの1つである。＊　*無回答可*
5.4　保育者は、子どもと一緒に電子メディアを使う（例：教育的なテレビ番組で取り上げられた活動を行う；コンピュータを使う子どもを助ける）。　*1度の観察*

6

〈とてもよい〉7
7.1　観察時間中、電子メディアは創造性や生き生きとした動きを誘い出している（例：タブレットを使って創造的な線描きや描画；映像のダンスや運動に参加する）。
7.2　電子メディアの内容がクラスの興味やテーマ、活動を活性化させるために用いられている（例：昆虫についての資料を求めてインターネットで子どもと一緒に検索する；遠足の前に農場についての短いビデオを見る）。

【注　釈】

* 　ICT＝Information（情報）& Communication（コミュニケーション）Technology（テクノロジー）の略。もし電子メディアが使われていなければ、この項目は「無回答」とする。電子書籍や音楽機器については動画やプリントがないのであれば電子メディアとしては扱わない。子どもが使うカメラは対象としていない。

1.1、3.1　教材の内容が非暴力的で文化的に配慮されているかどうかを判断するには、観察された内容に基づく。残念なことに、子ども向けとして作られたビデオやテレビ番組にも多くの暴力が見られる。これには自然界のことを取り上げた作品や漫画も含まれる。子どもが使っているのであれば、家から持ってきたビデオやゲームについても内容の適切さを判断する。

1.2、3.2、5.2　これらの指標の趣旨は、テレビ視聴やその他の受動的な電子機器によっておびただしい時間を過ごすよりも、創造的に、想像力豊かに能動的に過ごし、実物に触れながらの実体験ができるような遊びをすることを保障するということにある。これらの時間制限はどの種類の保育施設でも共通する。ただし、電子機器を補助具として使う障がいのある子どもについては制限を適用しない。

3.2　テレビ／ビデオが観察時間中に用いられていなければ「無回答」。

5.2　テレビ／ビデオ以外の機器がなければ「無回答」。

5.3　自由遊びのときに電子メディアが使われていなければ「無回答」。

▲3.3　中央にコンピュータのテーブルがあるが、他の遊びのセンターも充実している（英国）

サブスケール5 ▶相互関係

項目28 粗大運動の見守り＊

〈不適切〉1
- 1.1 身体を動かして遊ぶときに安全についてほとんど注意が払われていない（例：短時間であれ見守るおとながいない；子どもを見守るのに十分な数の大人がいない；保育者が子どもに注意を払わない）。
- 1.2 保育者と子どものやりとりのほとんどが否定的であるか応答的ではない（例：保育者が怒っているように見える；罰を与えたり管理が厳しすぎたりする雰囲気がある）。
- 1.3 子どもが身体を動かして遊ぶように励まされることがほとんどない（例：計画はあるのに戸外／屋内で体を動かして遊ぶような手のかかる準備をしない；身体を動かして遊ぶ場所に座り込んでいる子どもに最も注意を払う）。

2

〈最低限〉3
- 3.1 保育者は子どもの安全を確保しながら身体を動かす遊びに注意を払う（例：必ず子どもを見守っている；身体を動かして遊ぶ場の全体を見ようとしている；問題を起こす子どもに応答する）。
- 3.2 身体を動かして遊んでいるときの保育者と子どものやりとりのほとんどが自然であるか肯定的である。
- 3.3 保育者が子どもの身体を動かして遊ぶことに興味を示している（例：身体を動かす遊びを計画に沿って確実に行う；身体を動かして遊んでいる子どもからの呼びかけに対し応答する）。

4

〈よい〉5
- 5.1 子どもの安全を確保するために注意深い見守りがある（例：最も事故が起こりそうな設備・用具が使われていれば近くで見守る；すべてが見通せるような場所に立つ；場所全体とすべての子どもに注意を注いで見守る）。
- 5.2 保育者と子どものやりとりはほとんど肯定的なものである（例：身体を動かすように子どもを励ますが、強制はしない；問題が起きたときは自分たちで解決できるように助ける；危険な行動についてはその理由を説明し別の安全なやり方を見つけるように助ける）。＊
- 5.3 保育者が子どもの体を動かして遊ぶことに、大変興味を示している（例：座り込んでいる子どもにほとんどの注意を注ぐことをしない；子どもが走ったり、滑ったり、跳んだりするのを大いに喜ぶ；子どもが用具を使えるように手助けする）。＊

6

〈とてもよい〉7
- 7.1 保育者は身体を動かす遊びの時間の一部として、運動量の多い遊びを主導する（例：興味のある子どもがしっかり体を動かせるように指導する；競い合いたい子どもには競争ができるようにする；ダンスには音楽をかける）。＊
- 7.2 保育者はより高度な技能が必要な用具の使い方を示したりして、子どもが新たな技能を発達させるように助ける（例：どうやってブランコをこぐかについて話し合う；より高く跳んだり、より速く走ったり、ボールを蹴れるよう、目標をもってやり遂げるように助ける）。

【注　釈】
* どの指標を評定するにしても、3時間の観察時間内に何らかの粗大運動遊びを観察しなくてはならない。もし粗大運動遊びがまったく観察されなかったら、1.1、1.2、1.3を「はい」とし、他の指標は「いいえ」とする。

1.3　もし粗大運動遊びの活動がほとんど観察されない（10分より少ない）場合は、「はい」とする。

5.2　肯定的なだけではなく中立的なやりとりもあるだろうが、肯定的であることが中立的であるより上回り、否定的なやりとりがなければ「はい」となる。

5.3　粗大運動遊びをする場所で身体をあまり動かさない遊び（砂遊び、本、手指を使う、チョーク）もするのなら、保育者がどのように見守っているのかを考慮する。評点を与えるには、粗大運動遊びのほうに多くの関心を向けているべきである。

7.1　"運動量の多い遊び"では、呼吸数が増えたり身体的な疲れが出るまで子どもが身体を動かすことが求められる。

サブスケール5 ▶ 相互関係

項目29　個別的な指導と学び

〈不適切 1〉
- 1.1　ほとんどクラス単位の一斉指導が行われている（例：どの子どもも同じやり方で同じ活動をしなくてはならない；子どもの個別の能力や興味に基づいていない）。*
- 1.2　自分なりのやり方ができるオープンエンドの活動がほとんどない。*
- 1.3　遊んでいるときに子どもに個別的に注目することがほとんどない（例：全部の子どもが同じ質問をされる；決まりきった答えが求められる；自由遊びのときに保育者は他の仕事をしている；問題が起こらない限り子どもを見ていない）。
- 1.4　保育者主導の活動のときに子どもが失敗を多く経験する（例：答えがわからない；やる気が失われる）。*

2

〈最低限 3〉
- 3.1　保育者は、個別的に指導することがある（例：集まったときや食事のときに個別的な対応がある）。
- 3.2　オープンエンドの活動がある（例：積み木遊び、ごっこ遊び、造形材料が自由に使える）。*
- 3.3　自由遊びのときに個別に指導することがある（例：保育者がテーブルに座りやってきた子どもに個別に教える；子どもと話したり問題を解決するために場所を移動したりする）。
- 3.4　遊具／教材・活動のほとんどは子どもにとって適切である。*

4

〈よい 5〉
- 5.1　観察された活動の多くがオープンエンドである。*
- 5.2　保育者は室内を回って、子どもの活動に対して個別的な指導をする（例：積み木でタワーを作っている子どもと積み木の数を数えたりする；分類ゲームのやり方を教える；ごっこ遊びをしている子どもと会話する）。*
- 5.3　保育者主導の活動のほとんどが、子どもにふさわしい（例：興味をもって参加する；適度な時間内にやり終える；むずかしすぎることを強制されない）。*

6

〈とてもよい 7〉
- 7.1　少しの例外はあるがほとんどの指導は個別的である。
- 7.2　自由遊びの間に多くの個別的な指導がある。

【注 釈】

【訳注：項目29の原題は Individualized Teaching and Learning であるが、全体の注釈の解釈に基づき、「個別的な指導と学び」と意訳した。「教える」とすると一方的な関わりのニュアンスを免れえないからである。Teachという言葉は注釈の文中では文脈に応じて「教える」と訳した場合と、「指導」とした場合がある。】

* 「個別的に教える」については全体の注釈を参照。

1.1 "一斉指導"とは保育者がすべての子どもに対して、年齢、能力、興味、学びのスタイルに関して個別のニーズを考慮することなく、同じ方法と内容を用いて教えようとすることを意味している。

1.2、3.2、5.1 "オープンエンド"な遊具／教材および活動とは、子どもが自分のやり方で使ったり取り組んだりできるもので、保育者の指示や決められたやり方に縛られないものである。

1.4 子どもが失敗を経験するかどうかを決めるには、子どもがほとんどの活動の内容を理解できているかどうか、また問われたときに正しく答えられているかどうかによる。評定するときは、保育者主導の活動だけについて考慮する。もし1度の保育者主導の活動のときであってもほとんどの子どもが失敗していたり、または一部の子どもが何度も保育者主導の活動のときに失敗していたりするようなら「はい」とする。

1.4、5.3 "保育者主導"の活動とは保育者によって始められて子どもが参加するものである。これらの活動は自由遊びのときにもあり、参加するかどうかは子どもが決める。小グループ活動でも、クラス全体での活動でも、個別活動でも、どのような活動の場合も保育者主導の場合がありうる。子どもにパズルを一緒にやろうと呼びかけたり、音楽をかけてダンスに誘ったりするという単純な場合もあれば、保育者から知らせることの多い科学的な実験のように複雑な場合もある。

3.4 "適切"な遊具／教材あるいは活動とは、安全で、子どもの年齢や能力にふさわしく、否定的な社会的メッセージを与えないものである。子どもは遊具／教材に興味をもって使い、多少むずかしくても使いづらいという不満をもつこともない。「ほとんど」ということが大切であり、すべての遊具／教材が必ずしも適切でなくてもよいのであり、保育室には幅広く遊具／教材が置かれていて多様なニーズと興味に応じられることが望まれる。

5.2 違う言葉を付け加えたり、遊びに関係する子どものアイデアを広げてみたり、なぜそうしたかの理由などを子どもが説明するように促すなど、学びにつながる高度な指導があるかを探す。

サブスケール5 ▶ 相互関係

項目30　保育者と子どものやりとり＊

〈不適切〉1
- 1.1 保育者は子どもに対して応答的ではなく、関わろうとしない（例：子どもを無視する；距離をおくか冷たい態度である）。＊
- 1.2 子どもとのやりとりはしばしば不快なものである。＊
- 1.3 身体的な接触がしばしば否定的なものである（例：よくない行動をとる子どもを荒々しく扱う；場所を移るように言葉で言わず身体を押す；子どもの望まない抱きしめやくすぐり）。
- 1.4 個別に、あるいは小グループの関わりが少なく、一斉活動でのやりとりのほうが主な関わりである。

2

〈最低限〉3
- 3.1 個別の子どもと保育者の肯定的なやりとりがある。＊
- 3.2 否定的な身体的接触がない。
- 3.3 保育者は子どもといることが楽しそうである（例：子どものすることに興味を示す；子どもの発言を注意して聞き、適切に応答する）。

4

〈よい〉5
- 5.1 観察時間中、しばしば保育者と子どもの肯定的なやりとりがあり、長い間やりとりが絶えたままということがない（例：温かいまなざし；ほほえみ；興味を共有する）。＊
- 5.2 通常、くつろいだ気持ちの良い雰囲気がある（例：緊張したりあわただしいような雰囲気はほとんどない；保育者と子どもに落ち着きがあり、何事も楽しんでいる；苦痛を感じるような時間がほとんどない）。
- 5.3 保育者は、適切な身体的接触を通してあたたかな雰囲気を伝える（例：泣いている子どもを抱く；手を握って話を聞く；肩をトントンと叩いて励ます）。

6

〈とてもよい〉7
- 7.1 保育者は子どもを尊重し肯定的に指導する（例：行動面での問題に落ち着いて妥当なやり方で対処する；子どもの発言を最後まで聞いて応答する；子どもがしてくれたことに感謝する）。＊
- 7.2 保育者は子どもに対して支持的であり、子どもが不安・怒り・恐れを感じていたり傷ついたりしたときは慰める（例：友だちとのいざこざがある子どもの理解に努める；怒っている子どもに忍耐強く接する）。
- 7.3 保育者は子どもの言葉にならない素振りに敏感であり、適切に対応する（例：集まりのときに身体を動かしたいようであればそのような活動をする；興味を失っているようであれば活動を変える）。

【注　釈】

* "やりとり"とは、おとなと子どもの間の言語的と非言語的の両方のコミュニケーションを含む。

1.1　もし保育者がまれにしか子どもに応答しない場合は、「はい」。

1.2　不快なまたは否定的なやりとりとは、子どもに自分たちはよくない、できない、大切な存在ではなくて何もできないというメッセージを与えるものである。たとえば、子どもがむずかしいことをやり遂げられなかったり長時間静かに座っていることができなかったときに、保育者が脅かしてみたり、苛立っているようすを見せたり、落胆するようすを見せたりするなどである。そのような多くの不快なやりとりが観察されたときに「はい」とする。

3.1　"肯定的なやりとり"とは、子どもに、良い、できる、大切な存在である、そのままで今できることが喜ばしいというメッセージを与えるものである。たとえば片づけたり、気持ち良い挨拶をしたり、絵本で面白いことを一緒に笑ったり、子どもの創作に喜んでみたりすることである。普通の（中立的な）やりとりでは子どもに特段のメッセージを与えない。

5.1　"しばしば肯定的なやりとりがある"というのには、普通のやりとりも含まれるが、肯定的なやりとりの割合が勝っていなくてはならない。少し否定的なやりとりがあったとしても子どもにそのために悪い影響を与えることがなかったり、少し否定的なやりとりがしばしば起こったりするのでなければ「はい」とする。どの年齢であっても、クラス集団活動か、小グループ活動（子どもの選択か保育者の指示によるかにかかわらず）か、個別的であるかにかかわらず、やりとりは（普通のやりとりも含む）肯定的なものでなくてはならないことに注意する。もしこれらの形態のどれかが観察されなかった場合は、その他の形態で観察する。

7.1　"尊重"とは、自分は人として価値があるということを子どもたちがわかるように、保育者がすべての子どもとやりとりをすることを意味する。それは、しばしば、保育者が自分の友人に対してと同じように丁寧に配慮をもって接することを意味している。また、自分がしてほしいように他の人に接するということを意味する。この指標を「はい」とするには、観察時間を通して、どの子どもに対してもありのままを受け入れて丁寧に親切に接し、1人ひとりを大切にしているようすを見せていなくてはならない。これは、ふとした過失があるとしても、子ども全体に対して一貫して観察されなければならないことである。

サブスケール5 ▶ 相互関係

項目31 子どもどうしのやりとり

〈不適切〉1
- 1.1 ほとんどが保育者主導の活動であるため、子どもは自分で遊び仲間を見つけたり好きな遊びを選んだりする機会がめったにない。
- 1.2 子どもどうしの肯定的なやりとりについて、保育者が指導することがまったく、あるいはほとんどない（例：子どもがけんかをしたり泣いたりしているときだけ介入をする；子どもたちはおもちゃを巡って多くの葛藤がある；行動面で問題のある子どもが注意深く見守られていない）。
- 1.3 子どもどうしのやりとりがたいていは否定的である（例：いじめる；からかう；おもちゃや場所の取り合いが日常的にある）。

2

〈最低限〉3
- 3.1 観察時間中、子どもは自分で遊び仲間を見つける時間がある（例：室内外を問わず、自由遊びが観察される）。
- 3.2 保育者は傷つけ合うようなやりとりはすぐに止めるか、そのような場面は観察されない（例：けんかや名前を呼びそやすこと、いじめは通常制止されて、さほどでない場合だけ見逃される）。＊
- 3.3 保育者は、良い社会的なふるまいのモデルになっている（例：めったに偉そうにしない；丁寧である；他の人が話しかけたら返事をする；他の人の身体や心を傷つけるようなことをしない；イライラしていない）。

4

〈よい〉5
- 5.1 観察時間中の少なくとも半分は、子どもどうしが活発にやりとりをしている（例：自分で選んだ仲間とたっぷりの時間遊んでいる；子どもはランチのときに誰の隣に座るかを選べる；うまく協力して遊べるような活動が設定される）。
- 5.2 保育者は、子どもどうしの関係の中で生じた問題について、自分たちで納得のいく解決ができるように助ける（例：三輪車を順番に使えるように助ける；引っ込み思案の子どもが席を見つけて制作の仲間に入れるように助ける；じゃまばかりする子どもが一緒に遊べるように進んで遊びに取り組めるようにする）。＊
- 5.3 子どもどうしのやりとりのほとんどは肯定的であり、もし葛藤があるとしてもわずかである。＊

6

〈とてもよい〉7
- 7.1 保育者は、子どものとった社会的によい行動を他の子どもに知らせる（例：他の人を助けた、協力して積み木をした、けんかをしないでクレヨンを一緒に使ったなどの子どもをほめる）。
- 7.2 保育者は、子どもの衝突を避けるように助ける（例：ウェイティング・リストを作るなど公平に順番が回る工夫をする；自由遊びのときに取り合いが起こらないよう十分に遊びを用意する；問題が起こりそうな予兆に気づき近くで見守る）。＊
- 7.3 保育者は、子どもがテーマを共有し協同して遊ぶ機会を作る（例：大きな壁面装飾を作るために協力して絵を描く；たくさんの具入りスープを作る；協力して障害物コースを作る）。＊

【注　釈】

3.2　この指標は問題を止めるのに保育者が「最良の」肯定的な実践を行っていなくても、「はい」とする。たとえば子どもがおもちゃの取り合いをしているとき、「だから言ったでしょう」とか、遠くから「離れなさい！」と叫ぶきりであったりした場合である。もし怒って金切り声を上げるとか、子どもを小突き回すようであれば、「いいえ」とする。子どもにあまり影響を与えない程度で多少の問題が観察され、保育者がすぐに止める機会を見逃してしまうのも無理からぬことである。とはいえ、小さな問題がしょっちゅう起こり、子どもに悪影響が出る（泣く、傷つける、問題が長引く）にもかかわらず保育者が問題を解決しようとしないならば、「いいえ」とする。

5.2　保育者が、仲良く使えないからといっておもちゃを取り上げたり、むりやり順番に使わせて子どもの遊びを中断したり、他の子どもに乱暴に接する子どもに罰を与えたりなど、子どもどうしの関係で生じた問題に否定的なやり方をとるときは、「いいえ」とする。もし何も問題が観察されなければ、「はい」とする。

5.3　"あるとしてもわずか"とは、観察時間を通して子どもが仲良くしており、子どもどうしで問題が多くないことを意味する。大きな問題が起きても保育者が素早く対応して悪い影響が出ない場合もある。評定をするときは子どもが仲良くしていることに重きをおき、否定的なやりとりの起きた回数だけにこだわってはならない。

7.2　この指標の意味するところは問題が起こったときにそれを止めるのではなく、問題を防止することにある。「はい」とするには、保育者が子どもの性格や行動、相互関係に敏感であるかどうかのサインを注意深く観察しなくてはならない。

7.3　「片づけ」をこの指標の規準に合うとしてはならない。「はい」とするには、観察時間中に室内で見られたことか、子どもの加わった活動のなかに根拠となるものが観察されなくてはならない。評点を与えるには、保育者がプロジェクトを準備するか示唆を与えていなくてはならない。

サブスケール5 ▶ 相互関係

項目32　望ましい態度・習慣の育成

〈不適切1〉
- 1.1 厳しいしつけの方法がとられている（例：ぱちんと叩く；声を荒げる；長時間閉じ込める；ぐいっと引っ張る；食事を止めたり身体的に拘束したりする）。*
- 1.2 しつけがおろそかでほとんどきまりや統制がない。
- 1.3 通常、子どものふるまいに対する期待が年齢や発達段階にふさわしくない（例：おしゃべりが許されない；何もすることがないまま長時間待たされる；一緒に使ったり協力することを年齢不相応に求められる；理由もないのに制限が加えられる）。
- 1.4 保育者は子どもの望ましくない行動に対し怒る。*

2

〈最低限3〉
- 3.1 厳しいしつけの方法がとられない。
- 3.2 通常、子どもどうしが傷つけあったり他の子どもを傷つけたりする、あるいは物を壊したりするような行為が生まれないように気をつけている。
- 3.3 子どものふるまいに対する期待が、半分以上程度は、年齢や発達段階にふさわしい（例：子どもが静かにさせられる時間はほとんどない；自分で遊べる時間が十分ある；子どものしていることを妨げるようなら他の子どもと一緒に遊具などを使うことを強制されない）。*
- 3.4 子どもの不適切なふるまいに対して、保育者の否定的なあるいは怒る反応がほとんどない。*

4

〈よい5〉
- 5.1 子どもはクラスのルールになじんでおり、保育者の適切な指導に従っている。
- 5.2 保育者は何かしてはいけないことがある場合にはその理由を説明する（例：「降りなさいね。落ちてけがをするといけないから」「叩くとけがをしますよ。部屋の中で叩いたりしません」）。* *1度観察されるか、問題がみられないようなら「はい」*
- 5.3 子どものふるまいに対する期待がいつも適切であり、子どもが不当に苦痛を味わうような事例が観察されない。
- 5.4 子どもの不適切なふるまいに対し、否定的なあるいは怒る反応がまったくない。*

6

〈とてもよい7〉
- 7.1 保育者は子どもの感情、子どもの行動と他の子どもの反応の関連性に注目する（例：「あなたがクレヨンをあげて、○○君はよろこんだね」「○○ちゃんのお顔を見てごらん。びっくりしていますよ」）。
- 7.2 保育者はほとんど常に問題を最小限にするように、子どもにふさわしい方法をとる（例：ほとんど待つことなく次の活動に素早く移る；集団活動に意欲的に参加できるようにする；混雑は最小限に抑えられる）。
- 7.3 子どもが葛藤や困難に出合っているとき、保育者はどうすればよいかについて指示を与えることなく、子どもが問題を解決することに積極的に関わる（例：子どもが問題について言葉にし、納得できる解決方法について考えるのを助ける；子どもに、他の人の気持ちについて気づかせる）。*

【注 釈】

1.1、1.4、3.4、5.4、7.3　もし子どもの否定的な行動が観察されず、それは保育者等の厳しい監督によるものでないならば、1.1は「いいえ」、3.4、5.4、7.3については「はい」とする。子どもの否定的な行動は観察されないが、それは保育者等が厳しく監督していることによるものという事実があれば、1.4は「はい」であり、3.4、5.4、7.3は「いいえ」になる。

サブスケール6 ▶ 保育の構造

項目33　移行時間と待ち時間

〈不適切〉**1**
- 1.1 移行時間は通常（75％）混乱している（例：日課の変わり目に子どもは目的なくうろうろしている；けんかをする；片づけをしない）。
- 1.2 保育者は通常、次の日課の準備をしていない。
- 1.3 保育者は移行時間に子どもが生産的に過ごせるような適切な見守りをしていない（例：子どもに最低限の助言しかしない；ほとんどフォローをしない；保育者間の役割分担ができていない；保育者が他の仕事をしている）。
- 1.4 子どもは何もすることなしに移行時間に10分間以上待たされる（例：テーブルについたまま食事を待たされる；サークルタイムを始めるのに待たされる）。*

2

〈最低限〉**3**
- 3.1 移行時に否定的な保育者と子どものやりとりがない。
- 3.2 保育者は少なくとも時間的に半分程度は次の活動の準備をしている（例：食事の用意；手元の遊びの活動に必要な材料等）。
- 3.3 保育者は、通常、移行時間に問題が起こらないように必要な見守りをしている（例：子どもに片づけについての注意を与える；よく動いて子どもがするべきことをしているかどうかを確認する；子どもは待ったり列になっていたりする時間も見守られている）。

4

〈よい〉**5**
- 5.1 移行時間は、通常、スムーズである（例：保育者は片づけの時間が近づいていることを知らせる；子どもは片づけを適度に終える；子どもは特に問題なく並んで次の活動に移る）。
- 5.2 保育者は、いつも、次の活動の準備を終えている。
- 5.3 保育者はすべての子どもが移行時間に何かに取り組んでいるように見守り、必要な手立てを取っている（例：いろいろなことが滞りなく進むように保育者どうしの連携がある；むずかしいことにはより多くの注意を向ける）。*

6

〈とてもよい〉**7**
- 7.1 次の活動には徐々に個人のペースに応じて移行する（例：子どもは準備ができた順に外へ出ていける；テーブルについたら食事を始めることができる；保育者は何人かがまだ片づけをしていてもサークルタイムを始める）。
- 7.2 観察時間中に3分以上の待ち時間はみられない。

【注　釈】

1.4 "10分間"とは積算したものではなく、観察中に折々に観察した待ち時間を足し合わせていってはならない。

5.3 "取り組んでいる"とは、子どもが何か活動に興味をもって関わっていることである。たとえば、子どもが並んで待っているときに保育者が歌い始めてもほとんどの子どもが興味を示さなかったら「取り組んでいない」とみなされる。同様に、子どもが本を読んでいるように言われても実際には子どもがほとんど興味を示していないようであれば「取り組んでいない」とみなされる。

サブスケール6 ▶ 保育の構造

項目34　自由遊び＊

〈不適切〉1
- 1.1　自由遊びの時間が、観察時間を通して25分より少ない（例：ほとんどグループ活動で過ごす、待ち時間、身の回りのことをする）。＊
- 1.2　自由遊びのときにほとんど保育者からの関わりがない。
- 1.3　子どもが自分で選んだ活動をやり遂げるのに十分な時間がない（例：片づけるまでに遊べる時間が限られている、人気のある遊びはすぐに満員になって他の子どもが遊べない）。
- 1.4　子どもが喜んで遊べる遊具や教材がほとんどない。

2

〈最低限〉3
- 3.1　室内での自由遊びの時間が、観察時間を通して、25分以上ある。＊
- 3.2　保育者が自由遊びを見守っている（例：争いや危険な遊びは止める；遊具／教材などの正しい使い方を知らせる；子どもが遊びを見つけられるように助ける）。
- 3.3　通常、子どもは次の活動に移る前に満足がいくまで遊ぶことができる（例：新しかったり人気があったりする遊びは時間が決められて順番にでき、他にも興味のある遊びがある；昼食前の片づけまでに活動をやり終える十分な時間がある）。
- 3.4　全般的に、興味のもてる遊具／教材／活動／空間が十分にあり、子どもが満足感を得ている。＊

4

〈よい〉5
- 5.1　室内と戸外を問わず、自由遊びの時間が、観察時間を通して1時間以上ある。＊
- 5.2　保育者は自由遊びのときに頻繁に子どもと関わっている（例：子どもたちが興味をもつものについて会話をする；遊びが他の経験にどうつながっているかを話す）。＊
- 5.3　たくさんの多様な遊具／教材等や設備が使えて、ほとんど取り合いにならずに活動に取り組めている。＊
- 5.4　活動に制限がある場合にはそのルールが明確になっている（例：遊びに一区切りがつく程度の時間での交代ができるようにタイマーが使われる；交代で遊びたい子どもが全員遊べるようにウェイティング・リストが作られる）。＊

6

〈とてもよい〉7
- 7.1　遊具／教材や活動は、現在のクラスのテーマに関連していたりする。
- 7.2　自由遊びの活動を通して、保育者は子どもの知識を広げるように語彙豊かに話しかける。
- 7.3　保育者は、たとえ1人や小グループに関わっているときも、全体の状況に注意している（例：1人の子どもと関わっているときでもしばしば部屋全体を見回す；見えない場所には他の保育者がいる）。

【注 釈】

＊　この項目の評定にあたっては、戸外や体育館などを含め、子どもが使っている保育室内外でのすべての自由遊びを考慮する。

5.1　もし天候が悪く戸外で遊べない場合は、室内で時間が確保されなくてはならない。

3.4、5.3　3.4に評点を与えるには、すべての子どもが満足していなくてはならない。興味のない選択をしている子どもは1人としていないことを意味する。とはいえ、興味ある遊びを選んではいるがそれはただ人気のある遊びに過ぎず、他の子どもが先に遊んでいて待たなくてはいけないようなら、保育者が他に興味のある活動を選ぶように援助することが観察されるべきである。もし1人でも興味を示すものがなく長い間何もしていないような子どもがいれば「いいえ」とする。5.3は、活動や本に関わる項目と通常連動している。子どもが幅広く興味をもてるように、多くの選択が可能な豊かさが感じられるべきである。活動的な遊びと室内での自由遊びも同様に考える。

5.2　もし子どもがいるにもかかわらず保育者がまったく無視するかほとんど関心を示さないエリアがあれば、「いいえ」とする。もし遊びについてではなく指示を与えたり、注意を与えたり、テストしているだけであれば「いいえ」とする。身体を動かして遊んでいるときは活動センターで遊んでいるときより会話は少なくなるが、評点を与えるには、ある程度の会話が観察されるべきである。

5.4　ルールがうまく機能しているか、また待ち時間に他の遊びをして過ごせているかを観察する。観察時間内に見られないとしても、子どもは後で遊べることがわかって安心していることが見て取れればよい。特にルールは見受けられなくても、問題が起こらず、すべての子どもが満足のいく選択をしていれば評点を与えることができる。

サブスケール6 ▶保育の構造

項目35　遊びと学びのクラス集団活動＊

〈不適切〉1

1.1　グループの集団活動の内容が、ほとんどの子どもにとってむずかしすぎたり、興味をもてないものであったりする。

1.2　グループの集団活動が、子どもたちの間に問題を発生させている（例：保育者が単調な声で話す；何をしているのかが子どもにわからない；気持ちよく過ごせていない；他の子どもの話を聞く時間が長すぎる）。

1.3　自分から積極的に行うというよりも受身的な活動である（例：ほとんど座って、見て、聞いているだけ）。

1.4　保育者の期待に反して集団活動に参加しない子どもに対し、いつも否定的に対応する。

2

〈最低限〉3

3.1　グループの集団活動の内容が、ほとんどの子どもにとって興味がもてるものである（例：むずかしすぎたり易しすぎたりするものではない；ほとんどの子どもが適切にふるまっている；保育者が何度も子どもに集中を促していない）。

3.2　グループの集団活動は子どもが喜んで参加する基本的な条件を備えている（例：集まっても問題が起きない；絵本読みのときにどの子どもにも見える；自分から進んで参加することもなく、座っているだけという長い時間がない）。

3.3　子どもたちが自分からすすんでやりたくなるような活動がある（例：歌う、運動する；質問にみんなで答える）。

3.4　保育者は問題を起こす子どもにめったに否定的に対応することはなく、子どもたちに集中するよう呼びかけるときに過度の緊張を与えない。

4

〈よい〉5

5.1　保育者は子どもが喜んで活動に取り組めるように応答的であり臨機応変にやり方を変える（例：子どもたちがじっと座っていられなくなったら話をやめて動きのある活動に切り替える；身振り手振りで話しかける；長い時間ほかの子どもの話を聞かせることを避ける）。

5.2　保育者は集団活動にうまく入れない子どもを助ける（例：子どもがおもちゃを手にしていてもよい；大人の膝に座ったり椅子に座っていたりしてもよい）。＊

5.3　保育者はグループの集団活動の時間を、子どもが興味をもつ有益なアイデアを知らせることに使う（例：その週のテーマを振り返る；新しい遊具／教材の使い方を説明する；遠足で何をするかを知らせる）。

6

〈とてもよい〉7

7.1　グループのすべての子どもが集団活動に喜んで参加している。

7.2　集団活動は、通常、クラス全体よりも小集団での活動で行われる（例：年少の子どもや問題のある子どもは小集団で活動する）。　無回答可

7.3　子どもにとって大きなグループの集団活動よりも満足できる活動があるのであればそちらへ行ってもよい。　無回答可

【注　釈】
＊　"クラス集団活動"とは、遊びや他の学びのために、グループの全員が原則として同時に同じことをすることをさす。サークルタイムのように、１つの大きなグループの中で全員の子どもが参加して行われる。子どもが小さなテーブルや机についている場合もある。

そのような活動形態が見られなかったらこの項目を「無回答」とする。観察は、ほとんどの子どもが出席している１日のうちの、活動的な時間帯にどの活動も観察できるほど十分な時間を取って行われるべきである。もし、たとえば特別に造形、音楽、運動のように、子ども全員が参加するような集団活動が保育室以外で行われるなら、その後を追って、この項目に含まれる指標に従って評定を行う。

集団活動の質が高いとみなされるには、参加する人数がより少ないものである。たとえば、クラスの半数は室内で集団活動を行い、半数は戸外で遊んでいるというようなことである。集団活動にはルーティンや移行のときを含まない。

5.2　もし全員の子どもが参加していて、子どもに厳しく接していたり制限したりするのではなく問題が認められないのなら「はい」とする。すべての子どものニーズにあっており、特に助けが必要ないようであれば「はい」とする。

【訳注：7.2、7.3は日本の事情にそぐわない場合もあるので無回答可とした。ただし7.3は支援を要する子どもで集団活動への参加が困難な場合や、異年齢混合クラスの場合には評定する。】

スコアシート〈3歳以上〉

観察者名　〔　　　　　　　　　〕　　観察日　　　　　　年　　　月　　　日

園（所）名　〔　　　　　　　　　〕　　障がい児在籍数　〔　　　　　〕人

保育室名　〔　　　　　　　　　〕　　障がいの種類

保育者名　〔　　　　　　　　　〕　　　　　□身体/感覚　　　□認知/言語

　　　　　　　　　　　　　　　　　　　　□対人関係/情緒　□その他〔　　　　　〕

クラスの定員　　　　　　　　〔　　　　〕人　　子どもの年齢（あてはまるものすべてに○）

在籍人数　　　　　　　　　　〔　　　　〕人　　　〔　3　・4　・5　〕歳児クラス

観察時間中の最大人数（出席）〔　　　　〕人　　観察開始時間　　　　時　　　　分

3歳未満児の人数　　　　　　〔　　　　〕人　　観察終了時間　　　　時　　　　分

食物アレルギーの子ども　　有　　無　　粗大運動のための空間（あてはまるものすべてに○）

家族の特別の食習慣　　　　有　　無　　　　運動場　　ホール

　　　　　　　　　　　　　　　　　　　　その他〔　　　　　　　　　　〕

　　　　　　　　　　　　　　　　　　＊網かけ部分は必要に応じて記入

空間と家具

1．室内空間　　　　　　　　　　　　　　1 2 3 4 5 6 7

	はい いいえ		はい いいえ		はい いいえ		はい いいえ
1.1	□ □	3.1	□ □	5.1	□ □	7.1	□ □
1.2	□ □	3.2	□ □	5.2	□ □	7.2	□ □
1.3	□ □	3.3	□ □	5.3	□ □	7.3	□ □
1.4	□ □	3.4	□ □				
		3.5	□ □				

2．養護・遊び・学びのための家具　　　　1 2 3 4 5 6 7

	はい いいえ		はい いいえ 無回答		はい いいえ		はい いいえ
1.1	□ □	3.1	□ □ □	5.1	□ □	7.1	□ □
1.2	□ □	3.2	□ □	5.2	□ □	7.2	□ □
1.3	□ □	3.3	□ □	5.3	□ □	7.3	□ □
		3.4	□ □	5.4	□ □		

5.2　子ども用の椅子は数が揃っているか？

3．遊びと学びのための室内構成　　　1 2 3 4 5 6 7

	はい いいえ 無回答		はい いいえ 無回答		はい いいえ 無回答		はい いいえ
1.1	☐ ☐ ☐	3.1	☐ ☐ ☐	5.1	☐ ☐ ☐	7.1	☐ ☐
1.2	☐ ☐	3.2	☐ ☐	5.2	☐ ☐	7.2	☐ ☐
1.3	☐ ☐	3.3	☐ ☐	5.3	☐ ☐	7.3	☐ ☐
1.4	☐ ☐	3.4	☐ ☐ ☐	5.4	☐ ☐		

活動センターのリスト

4．ひとりまたはふたりのための空間　　　1 2 3 4 5 6 7

	はい いいえ		はい いいえ		はい いいえ		はい いいえ
1.1	☐ ☐	3.1	☐ ☐	5.1	☐ ☐	7.1	☐ ☐
1.2	☐ ☐	3.2	☐ ☐	5.2	☐ ☐	7.2	☐ ☐
1.3	☐ ☐			5.3	☐ ☐		

5．子どもに関係する展示　　　1 2 3 4 5 6 7

	はい いいえ		はい いいえ		はい いいえ		はい いいえ
1.1	☐ ☐	3.1	☐ ☐	5.1	☐ ☐	7.1	☐ ☐
1.2	☐ ☐	3.2	☐ ☐	5.2	☐ ☐	7.2	☐ ☐
1.3	☐ ☐	3.3	☐ ☐	5.3	☐ ☐	7.3	☐ ☐
				5.4	☐ ☐	7.4	☐ ☐

6．粗大運動遊びの空間　　　1 2 3 4 5 6 7

	はい いいえ		はい いいえ		はい いいえ		はい いいえ
1.1	☐ ☐	3.1	☐ ☐	5.1	☐ ☐	7.1	☐ ☐
1.2	☐ ☐	3.2	☐ ☐	5.2	☐ ☐	7.2	☐ ☐
1.3	☐ ☐			5.3	☐ ☐	7.3	☐ ☐
				5.4	☐ ☐		

7．粗大運動遊びの設備・用具　　　1 2 3 4 5 6 7

	はい いいえ		はい いいえ		はい いいえ 無回答		はい いいえ
1.1	☐ ☐	3.1	☐ ☐	5.1	☐ ☐ ☐	7.1	☐ ☐
1.2	☐ ☐	3.2	☐ ☐	5.2	☐ ☐	7.2	☐ ☐
1.3	☐ ☐	3.3	☐ ☐	5.3	☐ ☐	7.3	☐ ☐
				5.4	☐ ☐ ☐		

A. 項目1-7スコア合計＿　　B. 項目数＿　　空間と家具　平均スコア（A÷B）＿．＿＿

養　護

8．食事／間食　　　　　　　　　　　　　1 2 3 4 5 6 7

はい いいえ	はい いいえ	はい いいえ	はい いいえ
1.1 ☐ ☐	3.1 ☐ ☐	5.1 ☐ ☐	7.1 ☐ ☐
1.2 ☐ ☐	3.2 ☐ ☐	5.2 ☐ ☐	7.2 ☐ ☐
1.3 ☐ ☐	3.3 ☐ ☐	5.3 ☐ ☐	7.3 ☐ ☐
		5.4 ☐ ☐	
		5.5 ☐ ☐	

9．排　泄　　　　　　　　　　　　　　　1 2 3 4 5 6 7

はい いいえ	はい いいえ	はい いいえ	はい いいえ
1.1 ☐ ☐	3.1 ☐ ☐	5.1 ☐ ☐	7.1 ☐ ☐
1.2 ☐ ☐	3.2 ☐ ☐	5.2 ☐ ☐	7.2 ☐ ☐
1.3 ☐ ☐	3.3 ☐ ☐	5.3 ☐ ☐	7.3 ☐ ☐
	3.4 ☐ ☐		

10．保健衛生　　　　　　　　　　　　　　1 2 3 4 5 6 7

はい いいえ 無回答	はい いいえ 無回答	はい いいえ 無回答	はい いいえ
1.1 ☐ ☐ ☐	3.1 ☐ ☐ ☐	5.1 ☐ ☐ ☐	7.1 ☐ ☐
1.2 ☐ ☐ ☐	3.2 ☐ ☐ ☐	5.2 ☐ ☐ ☐	7.2 ☐ ☐
1.3 ☐ ☐ ☐	3.3 ☐ ☐ ☐	5.3 ☐ ☐ ☐	7.3 ☐ ☐

手洗いの場面
　登園時あるいは戸外から戻ってきた時
　砂遊びや汚れる遊びをした後
　水遊びや濡れた素材を共同で使う前後
　体液や炎症のある皮膚に触れた後
　動物や汚染されたものに触った後

11．安　全　　　　　　　　　　　　　　　1 2 3 4 5 6 7

はい いいえ 無回答	はい いいえ 無回答	はい いいえ	はい いいえ
1.1 ☐ ☐ ☐	3.1 ☐ ☐ ☐	5.1 ☐ ☐	7.1 ☐ ☐
1.2 ☐ ☐	3.2 ☐ ☐	5.2 ☐ ☐	7.2 ☐ ☐
1.3 ☐ ☐	3.3 ☐ ☐	5.3 ☐ ☐	7.3 ☐ ☐
1.4 ☐ ☐	3.4 ☐ ☐		

1.1、3.1　安全面のハザード

	大きい	小さい
室内		
戸外		

A．項目 8‒11 スコア合計＿　　B．項目数＿　　養護　平均スコア（A÷B）＿.＿＿

言葉と文字

12. 語彙の拡大　　　1 2 3 4 5 6 7

はい いいえ	はい いいえ	はい いいえ 無回答	はい いいえ
1.1 □ □	3.1 □ □	5.1 □ □ □	7.1 □ □
1.2 □ □	3.2 □ □	5.2 □ □	7.2 □ □
1.3 □ □	3.3 □ □	5.3 □ □	7.3 □ □
		5.4 □ □ □	

5.2　言葉の意味を説明する（2例）

7.3　付け加え（2例）

13. 話し言葉の促進　　　1 2 3 4 5 6 7

はい いいえ	はい いいえ	はい いいえ	はい いいえ
1.1 □ □	3.1 □ □	5.1 □ □	7.1 □ □
1.2 □ □	3.2 □ □	5.2 □ □	7.2 □ □
1.3 □ □	3.3 □ □	5.3 □ □	7.3 □ □
1.4 □ □	3.4 □ □	5.4 □ □	
1.5 □ □	3.5 □ □		

5.4　他児と話すように促す（2例）

7.1　保育者からの質問（2例）

7.3　クラスを超えての話題（1例）

14. 保育者による絵本の使用　　　1 2 3 4 5 6 7

はい いいえ	はい いいえ	はい いいえ	はい いいえ
1.1 □ □	3.1 □ □	5.1 □ □	7.1 □ □
1.2 □ □	3.2 □ □	5.2 □ □	7.2 □ □
1.3 □ □	3.3 □ □	5.3 □ □	7.3 □ □
1.4 □ □	3.4 □ □	5.4 □ □	7.4 □ □

7.1　現在進行中の活動に関係する本の使用（1例）

7.2　絵本の内容について保育者と子どもの話し合い（1例）

7.3　インフォーマルな本読み（1例）

7.4　情報を得るために本を読む（1例）

15. 絵本に親しむ環境　　　1 2 3 4 5 6 7

はい いいえ	はい いいえ	はい いいえ	はい いいえ
1.1 □ □	3.1 □ □	5.1 □ □	7.1 □ □
1.2 □ □	3.2 □ □	5.2 □ □	7.2 □ □
1.3 □ □	3.3 □ □	5.3 □ □	
1.4 □ □	3.4 □ □	5.4 □ □	

16. 印刷（書かれた）文字に親しむ環境　　　1 2 3 4 5 6 7

はい いいえ	はい いいえ	はい いいえ	はい いいえ
1.1 □ □	3.1 □ □	5.1 □ □	7.1 □ □
1.2 □ □	3.2 □ □	5.2 □ □	7.2 □ □
1.3 □ □	3.3 □ □	5.3 □ □	7.3 □ □
1.4 □ □			7.4 □ □

1.4　2例

3.2　1例

5.3　1例

7.2　2例

7.4　1例

A. 項目12-16スコア合計 ___　　B. 項目数 ___　　言葉と文字　平均スコア（A÷B）__.__

活　動

17. 微細運動（手や指を使う）　　　1 2 3 4 5 6 7

はい いいえ	はい いいえ	はい いいえ	はい いいえ
1.1 ☐ ☐	3.1 ☐ ☐	5.1 ☐ ☐	7.1 ☐ ☐
1.2 ☐ ☐	3.2 ☐ ☐	5.2 ☐ ☐	7.2 ☐ ☐
1.3 ☐ ☐	3.3 ☐ ☐	5.3 ☐ ☐	7.3 ☐ ☐
	3.4 ☐ ☐		

微細運動の遊具／教材の例
（3.1には10種類、5.1では全カテゴリー）
・組み合わせるブロック等
・造形
・細かな仕事
・パズル

7.1　保育者がさらに興味を示す（2人の例）

18. 造　形　　　1 2 3 4 5 6 7

はい いいえ	はい いいえ	はい いいえ	はい いいえ
1.1 ☐ ☐	3.1 ☐ ☐	5.1 ☐ ☐	7.1 ☐ ☐
1.2 ☐ ☐	3.2 ☐ ☐	5.2 ☐ ☐	7.2 ☐ ☐
1.3 ☐ ☐	3.3 ☐ ☐	5.3 ☐ ☐	7.3 ☐ ☐

3.3　保育者の肯定的なかかわり（1例）
5.1　造形材料の例
・線描き
・絵筆　　　　　・立体物
・コラージュ　　・道具
5.3　作品についての保育者と子どもの会話（2例）
7.3　保育者が表題を付ける（1例）

19. 音楽リズム　　　1 2 3 4 5 6 7

はい いいえ	はい いいえ 無回答	はい いいえ	はい いいえ 無回答
1.1 ☐ ☐	3.1 ☐ ☐ ☐	5.1 ☐ ☐	7.1 ☐ ☐ ☐
1.2 ☐ ☐	3.2 ☐ ☐	5.2 ☐ ☐	7.2 ☐ ☐
	3.3 ☐ ☐	5.3 ☐ ☐	7.3 ☐ ☐
	3.4 ☐ ☐ ☐	5.4 ☐ ☐	

楽器の種類(3.1では3種類、5.1では10種類)
・楽器
・聞く音楽（保育者か子どもが演奏）

7.2　歌詞等に注目（1例）

7.3　自分なりの韻や歌詞（1例）

20. 積み木　　　1 2 3 4 5 6 7

はい いいえ	はい いいえ	はい いいえ	はい いいえ
1.1 ☐ ☐	3.1 ☐ ☐	5.1 ☐ ☐	7.1 ☐ ☐
1.2 ☐ ☐	3.2 ☐ ☐	5.2 ☐ ☐	7.2 ☐ ☐
	3.3 ☐ ☐	5.3 ☐ ☐	7.3 ☐ ☐
	3.4 ☐ ☐	5.4 ☐ ☐	
		5.5 ☐ ☐	

ブロックのタイプ（✓＝観察されたもの）
　__レンガ積み木、カプラなど
　__大型（箱）積み木など
7.2　書き文字と結びつける（1例、書かれたものがあることも含む）

7.3　算数の観点から知らせる（1例）

| 21. ごっこ遊び（見立て・つもり・ふり・役割遊び） | 1 2 3 4 5 6 7 |

はい いいえ
1.1 ☐☐　　3.1 ☐☐　　5.1 ☐☐　　7.1 ☐☐
1.2 ☐☐　　3.2 ☐☐　　5.2 ☐☐　　7.2 ☐☐
1.3 ☐☐　　3.3 ☐☐　　5.3 ☐☐

5.1　小道具のテーマがある（2例）
5.3　保育者との会話（2例）
7.1　多様性（4例）
7.2　ごっこ遊びの中で数についての話（1例）

| 22. 自然／科学 | 1 2 3 4 5 6 7 |

はい いいえ
1.1 ☐☐　　3.1 ☐☐　　5.1 ☐☐　　7.1 ☐☐
1.2 ☐☐　　3.2 ☐☐　　5.2 ☐☐　　7.2 ☐☐
1.3 ☐☐　　3.3 ☐☐　　5.3 ☐☐

3.1／5.1　自然／科学の遊具／教材のタイプ
（3.1には2つのタイプから5つ、5.1には5つのタイプから15）

　生き物（飼育）　　　道具
　自然物　　　　　　砂/水
　図鑑、絵カードゲームなど（本は5冊必要）

3.2　自然／科学について話す（1例）

5.2　遊具／教材を使って話す（1例）

5.3　保育者が環境に対する手本になる（1例）

7.2　飼育動物や栽培物の世話をしたり話題にする（1例）

| 23. 遊びのなかの算数 | 1 2 3 4 5 6 7 |

はい いいえ
1.1 ☐☐　　3.1 ☐☐　　5.1 ☐☐　　7.1 ☐☐
1.2 ☐☐　　3.2 ☐☐　　5.2 ☐☐　　7.2 ☐☐
1.3 ☐☐　　3.3 ☐☐　　5.3 ☐☐　　7.3 ☐☐
　　　　　　　　　　　　5.4 ☐☐

3.1、5.1　算数／数の遊具／教材（3.1ではそれぞれから2、5.1では3以上のカテゴリーから全部で10）

　・数える／量の比較
　・サイズや、部分の測定、比較
　・形

3.2　保育者が算数についての情報を与えたり質問をしたりする

5.2　保育者が算数の遊びに参加し、質問をしたり、応答をしたり、熱心である（3例）

7.2　因果関係に気づかせる質問をする（1例）

7.3　先生が関与する算数の活動

| 24. 日常生活のなかの算数 | 1 2 3 4 5 6 7 |

はい いいえ　　　　　はい いいえ 無回答　　　　はい いいえ 無回答
1.1 ☐☐　　3.1 ☐☐☐　　5.1 ☐☐　　7.1 ☐☐☐
1.2 ☐☐　　3.2 ☐☐　　5.2 ☐☐　　7.2 ☐☐
1.3 ☐☐　　3.3 ☐☐　　　　　　　　7.3 ☐☐☐

3.1／5.1　移行時間やルーティンの時に数える、算数の概念を示す
（3.1　1例　5.1　2例）

3.2／5.2　算数以外の遊具/教材を使うときに算数について話す
（3.2　1例、5.2　2例）

3.3　日課の中で算数に関わる話をする（1例）

7.1　環境の中で形や数に触れられる（1例）

7.2　子どもが算数の考えで理由づける（1例）

7.3　年長の子どもは複雑な算数を経験する（1例）

25. 数字の経験　　　　　　　　　　　　　　　　　　| 1 2 3 4 5 6 7 |

	はい いいえ		はい いいえ		はい いいえ		はい いいえ
1.1	☐ ☐	3.1	☐ ☐	5.1	☐ ☐	7.1	☐ ☐
1.2	☐ ☐	3.2	☐ ☐	5.2	☐ ☐	7.2	☐ ☐
1.3	☐ ☐	3.3	☐ ☐	5.3	☐ ☐	7.3	☐ ☐
		3.4	☐ ☐			7.4	☐ ☐

3.3　遊具などについている数字を指さす（1例）

3.4　書かれた数字と実物を関連付ける（1例）

5.1、7.1　数字の遊具がある（5.1；3例、7.1；5例）

5.3、7.3　数字の意味について話す（5.3；1例、7.3；2例）

7.4　書かれた数字を指の本数で示す（1例）

26. 多様性の受容　　　　　　　　　　　　　　　　　　| 1 2 3 4 5 6 7 |

	はい いいえ		はい いいえ		はい いいえ		はい いいえ
1.1	☐ ☐	3.1	☐ ☐	5.1	☐ ☐	7.1	☐ ☐
1.2	☐ ☐	3.2	☐ ☐	5.2	☐ ☐	7.2	☐ ☐
1.3	☐ ☐	3.3	☐ ☐	5.3	☐ ☐		

3.1、5.2　教材／遊具にみる多様性
　　本＿＿冊　絵・写真＿＿枚　人形など＿＿
　　合計（3.1；3例、　5.2；10例）

5.1　ごっこ遊びの用具など

5.3　多様性のタイプ（あれば✓）
　　人種＿　文化＿　年齢＿
　　能力＿　ジェンダー＿

7.1　活動の例（1例）

7.2　共通点と相違点があることでよい
　　ことについての肯定的会話（1例）

27. ICTの活用　　　　　　　　　　　　　　　　　　| 1 2 3 4 5 6 7 無回答 |

	はい いいえ		はい いいえ 無回答		はい いいえ 無回答		はい いいえ
1.1	☐ ☐	3.1	☐ ☐ ☐	5.1	☐ ☐ ☐	7.1	☐ ☐
1.2	☐ ☐	3.2	☐ ☐ ☐	5.2	☐ ☐ ☐	7.2	☐ ☐
1.3	☐ ☐	3.3	☐ ☐	5.3	☐ ☐ ☐		
				5.4	☐ ☐		

5.4　保育者が関わっているか（1例）

A. 項目17-27スコア合計＿＿　　B. 項目数＿＿　　活動　平均スコア（A÷B）＿．＿＿

スコアシート〈3歳以上〉

相 互 関 係

28. 粗大運動の見守り　　1 2 3 4 5 6 7

	はい いいえ		はい いいえ		はい いいえ		はい いいえ
1.1	☐ ☐	3.1	☐ ☐	5.1	☐ ☐	7.1	☐ ☐
1.2	☐ ☐	3.2	☐ ☐	5.2	☐ ☐	7.2	☐ ☐
1.3	☐ ☐	3.3	☐ ☐	5.3	☐ ☐		

29. 個別的な指導と学び　　1 2 3 4 5 6 7

	はい いいえ		はい いいえ		はい いいえ		はい いいえ
1.1	☐ ☐	3.1	☐ ☐	5.1	☐ ☐	7.1	☐ ☐
1.2	☐ ☐	3.2	☐ ☐	5.2	☐ ☐	7.2	☐ ☐
1.3	☐ ☐	3.3	☐ ☐	5.3	☐ ☐		
1.4	☐ ☐	3.4	☐ ☐				

30. 保育者と子どものやりとり　　1 2 3 4 5 6 7

	はい いいえ		はい いいえ		はい いいえ		はい いいえ
1.1	☐ ☐	3.1	☐ ☐	5.1	☐ ☐	7.1	☐ ☐
1.2	☐ ☐	3.2	☐ ☐	5.2	☐ ☐	7.2	☐ ☐
1.3	☐ ☐	3.3	☐ ☐	5.3	☐ ☐	7.3	☐ ☐
1.4	☐ ☐						

31. 子どもどうしのやりとり　　1 2 3 4 5 6 7

	はい いいえ		はい いいえ		はい いいえ		はい いいえ
1.1	☐ ☐	3.1	☐ ☐	5.1	☐ ☐	7.1	☐ ☐
1.2	☐ ☐	3.2	☐ ☐	5.2	☐ ☐	7.2	☐ ☐
1.3	☐ ☐	3.3	☐ ☐	5.3	☐ ☐	7.3	☐ ☐

32. 望ましい態度・習慣の育成　　1 2 3 4 5 6 7

	はい いいえ		はい いいえ		はい いいえ		はい いいえ
1.1	☐ ☐	3.1	☐ ☐	5.1	☐ ☐	7.1	☐ ☐
1.2	☐ ☐	3.2	☐ ☐	5.2	☐ ☐	7.2	☐ ☐
1.3	☐ ☐	3.3	☐ ☐	5.3	☐ ☐	7.3	☐ ☐
1.4	☐ ☐	3.4	☐ ☐	5.4	☐ ☐		

A. 項目28-32スコア合計＿　　B. 項目数＿　　相互関係　平均スコア（A÷B）＿.＿＿

保 育 の 構 造

33. 移行時間と待ち時間　　　　　　　　　　　　　1 2 3 4 5 6 7

	はい いいえ		はい いいえ		はい いいえ		はい いいえ
1.1	☐ ☐	3.1	☐ ☐	5.1	☐ ☐	7.1	☐ ☐
1.2	☐ ☐	3.2	☐ ☐	5.2	☐ ☐	7.2	☐ ☐
1.3	☐ ☐	3.3	☐ ☐	5.3	☐ ☐		
1.4	☐ ☐						

34. 自由遊び　　　　　　　　　　　　　　　　　　1 2 3 4 5 6 7

	はい いいえ		はい いいえ		はい いいえ		はい いいえ
1.1	☐ ☐	3.1	☐ ☐	5.1	☐ ☐	7.1	☐ ☐
1.2	☐ ☐	3.2	☐ ☐	5.2	☐ ☐	7.2	☐ ☐
1.3	☐ ☐	3.3	☐ ☐	5.3	☐ ☐	7.3	☐ ☐
1.4	☐ ☐	3.4	☐ ☐	5.4	☐ ☐		

35. 遊びと学びのクラス集団活動　　　　　　　1 2 3 4 5 6 7 無回答

	はい いいえ		はい いいえ		はい いいえ		はい いいえ 無回答
1.1	☐ ☐	3.1	☐ ☐	5.1	☐ ☐	7.1	☐ ☐ ☐
1.2	☐ ☐	3.2	☐ ☐	5.2	☐ ☐	7.2	☐ ☐ ☐
1.3	☐ ☐	3.3	☐ ☐	5.3	☐ ☐	7.3	☐ ☐ ☐
1.4	☐ ☐	3.4	☐ ☐				

A. 項目33-35スコア合計__　　B. 項目数__　　保育の構造　平均スコア（A÷B）__.__ __

スコアシート〈3歳以上〉

全体スコアと平均スコア

	スコア	評定した項目数	平均スコア
空間と家具			
養　護			
言語と文字			
活　動			
相互関係			
保育の構造			
全　体			

スケジュール観察

プロフィール

施設名　　　　　　観察1　　年　月　日（　）　　観察者
保育者／クラス　　観察2　　年　月　日（　）　　観察者

Ⅰ．空間と家具（1-7）

　　観察1　　観察2

　サブスケールの平均評点

1. 室内空間
2. 養護・遊び・学びのための家具
3. 遊びと学びのための室内構成
4. ひとりまたはふたりのための空間
5. 子どもに関係する展示
6. 粗大運動遊びの空間
7. 粗大運動遊びの設備・用具

Ⅱ．養　護（8-11）

8. 食事／間食
9. 排　泄
10. 保健衛生
11. 安　全

Ⅲ．言葉と文字（12-16）

12. 語彙の拡大
13. 話し言葉の促進
14. 保育者による絵本の使用
15. 絵本に親しむ環境
16. 印刷（書かれた）文字に親しむ環境

Ⅳ．活　動（17-27）

17. 微細運動（手や指を使う）
18. 造　形
19. 音楽リズム
20. 積み木
21. ごっこ遊び（見立て・つもり・ふり・役割遊び）
22. 自然／科学
23. 遊びのなかの算数
24. 日常生活のなかの算数
25. 数字の経験
26. 多様性の受容
27. ICTの活用

Ⅴ．相互関係（28-32）

28. 粗大運動の見守り
29. 個別的な指導と学び
30. 保育者と子どものやりとり
31. 子どもどうしのやりとり
32. 望ましい態度・習慣の育成

Ⅵ．保育の構造（33-35）

33. 移行時間と待ち時間
34. 自由遊び
35. 遊びと学びのクラス集団活動

サブスケールの評点の平均

空間と家具
養　護
言葉と文字
活　動
相互関係
保育の構造

付録1 ▶園内（公開）研修の手引き

1．準備物　　　スコアシート（pp.73～82）のコピー×人数／部
　　　　　　　共同観察シート（pp.85～86）のコピー×人数／部
　　　　　　　プロフィール（p.83）×人数／部
　　　　　　　スケールは参加者が各自1冊持ちます。
　　　　　　　　　　　（＊スケールの本のコピーは違法ですのでご遠慮ください）

2．スケジュール
・保育が最も活発に行われている午前中3時間の観察が基本ですが、研修の場合は状況に応じて多少の柔軟性をもたせましょう。
・観察に集中するために写真撮影は原則禁止です。
・必要と状況に応じ、主催者は写真のための時間を別途設定します。
・観察終了後に検討会を行います。
　　　【例】　8時半…集合：スコアシートの表紙に必要な情報を記入する。
　　　　　　　　　　　その他、主催者より連絡・注意事項を伝える。
　　　　　　　9時…観察開始
　　　　　　　12時…観察終了
　　　　　　　　＜昼食休憩＞
　　　　　　　13時…検討会開始
　　　　　　　15～16時…検討会終了

3．検討会の進め方
① 1人がリーダーとなり、全員がお互いに顔が見える形で座る。
　　＊リーダーは、至適規準をもつ人が望ましいが、グループの中で最もスケールについて経験のある人が妥当です。しかし、ある程度スケールに慣れてきたら交代でリーダーを務めることもよい経験になります。
② 項目ごとに、指標などわかりにくいことや確認したいことがあれば質問する。
③ 点数を順に言い合う。リーダーは最後に言う。
④ リーダーが適宜指名し、指名された人は点数の根拠を伝える。
⑤ 最後にリーダーがその項目についての合意点を判断し、その根拠を伝える。
　　＊このときは平均点を出すという方法ではなく、全員の話し合いで納得のいく点数となるようにします。
　　＊合意の点数の±1点は同点とみなし、各自が該当の欄に✓を入れます。このチェックの数を項目数で割ったものがその人の「信頼性」の度合いです。

4．ポイント
　観察後の話し合いは誰もが率直に自分の意見を言える場としましょう。この話し合いが充実することが「点数を出す」ことよりはるかに大切なことです。

付録2 ▶共同観察シート （観察者間信頼性確認）

日　付													
観察園（所）				クラス									
観察者											合意	±
空間と家具													
1．室内空間													
2．養護・遊び・学びのための家具													
3．遊びと学びのための室内構成													
4．ひとりまたはふたりのための空間													
5．子どもに関係する展示													
6．粗大運動遊びの空間													
7．粗大運動遊びの設備・用具													
養　護													
8．食事／間食													
9．排　泄													
10．保健衛生													
11．安　全													
言葉と文字													
12．語彙の拡大													
13．話し言葉の促進													
14．保育者による絵本の使用													
15．絵本に親しむ環境													
16．印刷（書かれた）文字に親しむ環境													
活　動													
17．微細運動（手や指を使う）													
18．造　形													
19．音楽リズム													
20．積み木													
21．ごっこ遊び（見立て・つもり・ふり・役割遊び）													

観察者											合意	±1
22. 自然／科学												
23. 遊びのなかの算数												
24. 日常生活のなかの算数												
25. 数字の経験												
26. 多様性の受容												
27. ICTの活用												
相互関係												
28. 粗大運動の見守り												
29. 個別的な指導と学び												
30. 保育者と子どものやりとり												
31. 子どもどうしのやりとり												
32. 望ましい態度・習慣の育成												
保育の構造												
33. 移行時間と待ち時間												
34. 自由遊び												
35. 遊びと学びのクラス集団活動												
全体得点												
±1の範囲での一致の％												

総合・平均スコア

サブスケール	合計点	項目数	平均スコア
空間と家具			
養　護			
言葉と文字			
活　動			
相互関係			
保育の構造			
合　計			

注：「合計」は項目の総合計点を総項目数で割ります。平均スコアの平均値ではありません。

解説：新・保育環境評価スケール〈3歳以上〉(2015)について
——ECERS-R から ECERS-3 へ——

＊注：原著では【導入】として冒頭にあるものですが、日本語版では使用の便宜を図って解説としました。
旧版『保育環境評価スケール①幼児版』のスケールと区別するために、日本語版では新・保育環境評価スケール〈3歳以上〉といいます。

　ECERSの3番目のバージョンである本書は、先のECERS、ECERS-R（邦訳：『保育環境評価スケール①幼児版』）との連続性、すなわち総合的で世界共通の**質**の定義と、保育の質を示す根拠を保育観察に求めその観察の**信頼性**を2つの大きな特性として保ちつつ、内容と手続きの大きな革新を行ったものです。身体的、社会─情緒的、認知的領域を総合して乳幼児期の発達を捉え、同時に保健衛生と安全を担保するという考え方に変わりはありません。身体的な発達、子どもどうしおよび重要なおとなとの関係、子どもとのやりとりを前提とした指導をみていくものです。「教えることTeaching」の多くは、毎日の遊びやルーティン【訳注：身の回りの始末、片づけ、食事、トイレ等決まってすること】のなかで、先生と子どもの相互関係を通してなされているのです。
　初版のECERS（Harms & Clifford, 1980）は7のサブスケールのもとに37項目で構成されていました。それぞれの項目は、1点から7点の7段階の点数で表されますが、これらは4段階の質のレベルに分けられています。4段階の質はどういうことを意味するかについては、説明文があります。次の改訂版ECERS-R（Revised, Harms, Clifford & Cryer, 1998）は、7のサブスケールのもとに43項目で構成されています。この改訂版では、各項目の質の4段階のそれぞれのグループに属する指標に番号が振られ、点数化が容易になると同時に質の向上に向けて何をすればよいかがわかりやすく示されるようになりました。ECERS-Rアップデート版（Harms, Clifford & Cryer, 2005）はECERS-Rと同じサブスケールと項目で構成されていますが、注釈を詳しくし、スコアシートを拡大しました。ECERS-3の土台となったのは、このアップデート版です。保育室での観察を基礎にして指標により評価するというやり方は保持し、現在の知識と現場での実践を反映させて、項目と指標を大きく改訂しました。
　評定については、それぞれの指標について「はい／いいえ」で判断し、それに基づいて1～7点の評点を決めるというやり方は同じです。7のサブスケールのうち6は保持し、＜保護者と保育者＞というサブスケールはさほど結果に差が出ないことと、インタビューによる回答に依存するということで取り除きました。全体の評点の計算の仕方はECERS-Rと同じです。さらに、項目の評点にかかわらず、全指標の評定を行うことを勧めています。近い将来には、最近発表されたECERS-Rについての新たな評定のプログラムと同様の新しいシステムがオンラインで提供されるでしょう。
　このような継続性と革新性が合わさった特徴により、ECERSは今やアメリカだけではなく世界各地で幼児期の保育環境の質を測定するアセスメント方法として使われるようになりました。すでに20を超える国々で使われ、16の国で公刊され、さらに現在進行中の翻訳もあります。
　改訂のプロセスは、子どもの発達や幼児期のカリキュラムについての最新の動向と同様、先進技術の適切な導入や保健や安全、施設設備のような差し迫った課題への取り組みを含んでいます。こ

のような広範囲の文献等のすべてをここで取り上げる紙幅はありませんが、主だったものとして以下のものがあります。

- *revision of Developmentally Appropriate Practice*（Copple & Bredekamp, 2009）National Association for the Educations of Young Children［NAEYC］
- *Developmentally Appropriate Practice: Focus on Preschoolers*（Copple et al., 2013）NAEYC
- *What Is Important in Early Childhood Mathematics?*（2007; n.d.）National Council of Teachers of Mathematics position statement.
- *Mathematics Learning in Early Childhood*（National Research Council, 2009）
- The joint position statement on technology and interactive media tools of NAEYC and the Fred Rogers Center for Early Learning anad Children's Media at Saint Vincent College（2012）
- *Preventing Reading Difficulties in Young Children's Media*（National Ressearch Council, 1998）
- ASTM International's Standard Consumer Safty Performance Specification for Playground Equipment for Public Use（2014）
- *Caring for Our Children: National Health and Safety Performance Standards*（American Academy of Pediatrics, American Public Health Association & National Resource Center for Health and Safety in Child Care and Early Education, 2011）
- *Public Playground Safety Handbook*（2008）U. S. Consumer Product Safety Commision

　次に改訂にあたって大きな情報源となったのは、ECERS-Rを用いて評価観察された保育室の多量のサンプルデータです。それらをもとに、FPG子ども発達研究所の同僚とともに、ECERS-Rの項目と指標を細部にわたり検討しました。Gordon他（2013）は、1～7の質の段階に適切に配置されていない指標がいくつかあることと、1つの指標の中に複数の異なる質の要素が含まれ情報が正しく収集されないことを指摘しました。多くのデータを精査し、私たちはECERS-Rについては新たなサブスケールと評定のシステムを開発しました。この作業に基づき、ECERS-3では鍵となる指標の配置を変え、指標そのものを改訂したり、尺度を構成するために新たな指標を付け加えたりしました。私たちはECERS-3においても、評点を決めるには必要がなくともすべての指標の評定を行うことを勧めています。

　最後のそして厳しい情報源は現場の実践者、つまり保育者、園長、ライセンス機関、コンサルタント、カレッジや養成機関、とりわけERSI（Environment Rating Scale Institute）の同僚との親密な関係とオープンなコミュニケーションによるものでした（謝辞を参照）。著者ら自身による観察、観察者のトレーニング、調査研究、さらに自治体や州、全国規模での保育の質の評価と向上システムの実施がこの改訂には大きな影響を与えています。

ECERS-3（2015）とECERS-Rアップデート版（2005）との大きな違いは何でしょうか？
- ECERS-Rは観察に基づく項目だけでなく、保育者へのインタビューに基づく項目がいくつかある。
- ECERS-3は、活動、相互関係および言語というような、現在進行中の保育についての項目だけで構成され、タイムサンプルとしての3時間に観察されたことだけを考慮する。遊具／教材や屋

外の遊び場の安全について見直すことであれば時間は追加できる。

・ECERS-Rは7のサブスケールに分類された43の項目で成り立っている：空間と家具、個人的な日常のケア、言語―推理【訳注：言葉と思考力】、活動、相互関係、保育の構造、保護者と保育者。
・ECERS-3は6のサブスケールに分類された35の項目で成り立っている：空間と家具、養護、言葉と文字、活動、相互関係、保育の構造。保護者と保育者というサブスケールは観察に基づくものではなく、保育者等へのインタビューに基づくものであるので、取り除いた。登園／降園、午睡／休息のような、観察ができないことが多い項目についても取り除くか、修正をした。

・ECERS-Rは子どもの手の届く遊具／教材の点検に細かな注意を払う。
・ECERS-3は遊具／教材に対してよりも、子どもが学ぶきっかけとするために保育者が遊具／教材をどのように活用しているかにより多くの注意を払う。

・ECERS-Rには"言語―推理【訳注：言葉と思考力】"について4項目ある。
・ECERS-3には"言葉と文字"について5の新しい項目があり、言葉と文字に対する子どもの関心を引き起こす先生の方略をアセスメントする特別の指標を加えている。

・ECERS-Rには異なるタイプの"活動"をアセスメントする10項目がある。
・ECERS-3には新しく"算数"に関する3項目（23・24・25）があり、子どもが算数に親しむようになる援助に焦点をあてている。項目23は、子どもが遊ぶことで学べるような遊具／教材や活動、保育室での算数の概念を示すような活動についてである。項目24は、日常生活のなかの算数について注目し、算数は生活の一部であり、算数の遊具／教材で遊ぶとき以外にも算数に接しており、毎日の生活の意味のある場面で算数が使われていることに子どもが気づくかどうかに焦点をあてている。項目25では、数字に注目し、子どもが算数のシンボルに親しみ、その意味を理解することに焦点をあてている。

最後に、フィールドテストの結果に基づいた小さな変更があることを記しておきます。信頼度が低かった7の指標を取り除き、いくつかの指標については信頼度を高めるために注釈を改訂しました。

ECERS-3の信頼性と妥当性

先に述べたようにECERS-3は、広く使われ研究蓄積のあるECERS（*Early Childhood Environment Rating Scale*）の改訂版であり、乳幼児期の集団保育の全体的な質を測定する一連のスケールのうちのひとつです。一連のスケールは共にアメリカ国内外の多くの国において大規模調査で使用されてきました。少しの例外を除いて（たとえば Sabol & Pianta, 2014）広い範囲にわたる調査研究が、他の保育の質の測定法との関連という点で使用上の信頼性と妥当性があり、子どもの発達のアウトカムに関して小学校時（Aboud & Hossain 2011; Burchinal, Kainz & Cai 2011; Burchinal, Peisner-Feinberg, Pianta & Howes 2002; Cryer et al.1999; Gordon et.al. 2013; Harms,Clifford & Cryer 2005; Hulburn 1995; Henry et al.2004; Pinto, Pessanha & Aguiar 2013; Love at al. 2004; Sabolll & Pianta 2013; Sylva et al. 2004; Whitebook, Howes & Phillips 1989)、と中学校時（Sammons et al. 2011）について結びつきがあると裏づけています。新版であるECERS-3は、子どもの広い範囲での発達のアウトカムの重要性を強調しつつ、子どものアウトカム予測を向上させるようデザインされています。

　ECERS-Rの現況をあらわすとともに予測性もある妥当性は確立されており、そのため本来のよさはそのままにし、改訂版の最初のフィールドテストでは、ECERS-3スケールの信頼性を保てる訓練された観察者の能力のレベルに達することに焦点が絞られました。他の質の測定法との関連や子どものアウトカムについての予測可能性についてはさらなる研究が必要でした。多くの研究が実行され、これらの結果についてはERSIのウェブサイトで公開されます（www.ersi.info）。

　広範にわたる改訂の後、著者らは2013年夏にECERS-3の小規模な試行を行い、秋に規模を大きくしてフィールドテストを実施しました。このテストによりECERS-3はさらなる精査が必要であることが示されました。引き続いて2014年前半にさらに見直しを行い、春の終わり頃に2度目のフィールドテストを立ち上げました。2度目のフィールドテストでは、ECERS-Rの使用に熟達したアセッサーがECERS-3使用のトレーニングを受け、適切な信頼性のレベルに到達するよう現場での実地研修を行いました。全14人のアセッサーは、35項目で1ポイントの違いの範囲で85％の信頼性に達しました。うち13人のアセッサーは最初の2回の実地観察で至適基準をもつトレーナーと85％の信頼性を獲得し、あと1人はさらに2回の試行で85％に達しました。この信頼性の基準を獲得した後に、訓練を受けたアセッサーがペアを組んで信頼性の調査研究に参加しました。これらのアセッサーは環境評価スケールの使用の経験が豊富であったことを記しておかなくてはなりません。スケールになじみのないアセッサーを訓練するにはより長いトレーニング期間が必要です。

　研究調査のサンプルとなったのは4州にわたる50か所の園——ジョージア州（12）、ルイジアナ州（4）、ノースカロライ州（24）、ペンシルベニア州（10）——です。保育室は、州のライセンスシステムや質の向上システムのデータをもとにして、およそ3分の1ずつ、質の低いグループ、中間的な質のグループ、質の高いグループを構成しました。最終的には、質が「高い」と評定されたプログラムは比較的少なく、「ふつう～低い」が多くなりましたが、これらの州で供給される保育の質の幅の広さをカバーし、スケールの使用について検証を行うに差し支えのない配分となりました。研究調査の結果は以下のようなものです。アセッサーはペアで評定を行いましたが、信頼性の裏づけを測定するために可能な限り組み合わせを変えました。2人のアセッサーは、同じ保育室で同時にそれぞれ別個に保育環境の評定をしました。保育の中心となる時間帯にきっかり3時間を評定に費やし、観察時間中に見ることができなかった粗大運動遊びのスペースや設備・備品、あるいは室内の遊具／教材を確認する場合にのみ時間を延長しました。この延長時間での評定が可能なのは、粗大運動遊びの空間と設備・用具、遊具／教材に関する特定の指標だけです。子どもと先生の相互関係については3時間の区切り内での観察に基づきます。

(1) 指標の信頼性

　指標の信頼性とは、ECERS-3を別々に実施した2人のアセッサーの項目の評点が一致する割合または百分率です。35項目中には合計468の指標があります。一定の環境のもとで「無回答可」となるものを除き、指標はそれぞれ「はい」と「いいえ」のどちらかに判断されます。アセッサーはすべての指標を評定するように指示されています。アセッサーのペアで、指標全体の信頼性の平均は88.71％でした。少数の指標については75％を下回りました。フィールドテストに続き、著者は

それらの指標については削除するか信頼性が高まるような修正を行いました。

(2)項目の信頼性

　評定のシステムの性質上、理論的には指標レベルでの一致が高くなっても項目レベルでは一致度が低くなります。2つの方法により一致度は計算されました。まず、2人の観察者による7段階の評点で1ポイントの違いの範囲は一致しているとみなして計算しました。35項目について完全な一致率は67％でしたが、1ポイントの違いの範囲での一致率は91％でした。その幅は、＜項目3．遊びと学びのための室内構成＞の82％から＜項目25．数字の経験＞の98％というものです。1ポイントの違いの範囲内であれば、サブスケールの評点については＜保育の構造＞の88％から＜活動＞の100％というものでした。

　2番目に、より伝統的な手法としてカッパ係数を用いました。この測定は評点間の相違を考慮するものです。35項目の中央値は.54で、範囲は低いほうで＜項目3．遊びと学びのための室内構成＞の.18から、高いほうで＜項目27．ICTの活用＞の.84でした。2項目だけ（項目3．遊びと学びのための室内構成、項目6．粗大運動遊びの空間；.35）が.40を下回りました。この両方の例で、項目の評点の中央値は特に低いものでした。カッパ係数の特徴として、変異が小さな項目については、観察者間の小さな相違についてすら信頼性が敏感に反応するということです。著者らと観察者は、これらの項目の評点の低さは観察したグループの中での状況を正確に反映しており、また、実質的に変異を大きくするような変更を行えば、この2つの項目に反映された質の姿を不正確に描き出してしまうということで同意をしました。指標の編集は、評点の低い項目の内容を変えずにカッパ係数を高めるようなものでなくてはなりません。これらの変更は出版されたスケールに含まれています。この幾分伝統的な信頼性の測定をもってしても、総合的な結果は全体としては信頼性が受け入れ可能なレベルまで達している手法であることを示しています。

(3)級内相関

　3番目に信頼性を確かめる方法として、観察者が別々に質の測定をしたときの一致のレベルを見るものとして級内相関を用いました。これにより2人の観察者間の相関を説明し、また段階づけの幅の違いについても説明します。私たちは双方向混合モデルで完全一致の級内相関を検証しましたが、これは0の場合にはまったく評価者間の一致がなく、1であれば完全に一致するという意味合いのものです。項目レベルでの中央値は.90で、範囲は＜項目3．遊びと学びのための室内構成＞の.664から＜項目30．保育者と子どものやりとり＞の.965となっています。サブスケールに関しての係数は表に示すとおりです。通常.85以上であれば十分であるとみなしています。表に見るとおり、項目、サブスケール、全体についてこの数値を上回っています。

サブスケールの級内相関

サブスケール	相　関
空間と家具	.93
養　護	.94
言葉と文字	.96
活　動	.97
相互関係	.98
保育の構造	.96
全体（項目1-35）	.90

⑷内的一貫性

　最後に私たちは内的一貫性について検証しました。これによりスケール全体とサブスケールが共通の概念を測定している程度について測ります。総じて、スケールはCronbachのα係数が.93という高い内的一貫性をもっています。この数値は、私たちが環境の質と呼ぶまとまった概念が測定されるのに確信がもてることを示唆しています。2番目の問題は、サブスケールがどの程度一貫性を示すのか——すなわちそれらは一貫してある構造を測定しているのか——ということです。表はそれぞれのサブスケールについてCronbachのα係数を示したものです：

　.60以上であれば、一般的に内的一貫性はかなりの程度認められます。総じてフィールドテストでは、項目全般にわたり全部の評点について評定者間の合意が高いレベルに達していることを示しました。これらの発見はITERS-RとECERS-Rの同様の調査研究において、サブスケールはそれ以前のITERSとECERSよりもそれぞれの概念に沿ってより安定的に測定しているようであるという点を除き、同様に見られました。これらの先行研究は著者らと関わりのない研究者によるものであり、この解説の最初で述べたように、乳幼児の環境の質を取り上げた幅広い分野の研究においてスケールはかなり有効であることが証明されました。同時にスケールは、適切な水準でのトレーニングとスーパービジョンを受けることで、観察者として信頼性が妥当なレベルに到達できる程度の使いやすいものである、ということも示されました。Cohenのカッパ係数は予期したものより低く出ていますが、まとめると、一連の分析はスケールを保育現場で信頼性をもって使いうることの根拠を示しています。

　私たちは少数データであることと地域的な偏りという理由で、標準的なデータをここで示していません。データについては状況が整い次第、ERSIのウェブサイトに掲載する予定です（www.ersi.info）。

　この章の内容についての責任はすべて著者らにありますが、研究のコーディネイターを務めてくれたBud Harrelson、そしてデータの解析を行ってくれたDari Jigjidsuren博士の貢献についてここに記します。

内的一貫性

サブスケール	α係数
空間と家具	.93
養　護	.91
言葉と文字	.91
活　動	.93
相互関係	.96
保育の構造	.87
全体（項目1-35）	.93

【参考文献】

Aboud, F. E., & Hossain, K. (2011). The impact of preprimary school on primary school achievement in Bangladesh. *Early Childhood Research Quarterly, 26*, 237-246. doi: 10.1016/j.ecresq.2010.07.001

American Academy of Pediatrics, American Public Health Association, & National Resource Center for Health and Safety in Child Care and Early Education. (2011). *Caring for our children: National health and safety performance standards; Guidelines for early care and education programs (3rd ed.)*. Elk Grove Village, IL: American Academy of Pediatrics; Washington, DC: American Public Health Association.

ASTM International. (2014). ASTM l487-11 standard consumer safety performance specification for playground equipment for public use. Available at www.astm.org/DATABASE.CART/STD_REFERENCE/F1487.htm

Burchinal, M., Kainz, K., & Cai, Y. (2011). How well do our measures of quality predict child outcomes? A meta-analysis of data from large-scale studies of early childhood settings. In M. Zaslow, I. Martinez-Beck, K. Tout, & T. Halle (Eds.), *Quality measurement in early childhood settings* (pp. 11-32). Baltimore, MD: Brookes Publishing Company.

Burchinal, M. R., Peisner-Feinberg, E., Pianta, R., & Howes, C. (2002). Development of academic skills from preschool through second grade: Family and classroom predictors of developmental trajectories. *Journal of School Psychology, 40*(5), 415-436. doi: 10.1016/S0022-4405(02)00107-3.

Copple, C., & Bredekamp, S. (Eds.). (2009). *Developmentally appropriate practice in early childhood programs serving children from birth through age 8* (3rd ed.). Washington, DC: National Association for the Education of Young Children.

Copple, C., Bredekamp, S., Koralek, D., & Charner, K. (Eds.). (2013). *Developmentally Appropriate Practice: Focus on preschoolers*. Washington, DC: National Association for the Education of Young Children.

Cryer, D., Tietze, W., Burchinal, M., Leal, T., & Palacios, J. (1999). Predicting process quality from structural quality in preschool programs: A cross-country comparison. *Early Childhood Research Quarterly, 14*(3).

Gordon, R. A., Fujimoto, K., Kaestner, R., Korenman, S., & Abner, K. (2013). An assessment of the validity of the ECERS-R with implications for assessments of child care quality and its relation to child development. *Developmental Psychology, 49*(1), 146-160. doi: 10.1037/a0027899

Harms, T., & Clifford, R. M. (1980). *Early Childhood Environment Rating Scale*. New York, NY: Teachers College Press.

Harms, T., Clifford, R., & Cryer, D. (1998). *Early Childhood Environment Rating Scale, Revised Edition*. New York, NY: Teachers College Press.

Harms, T., Clifford, R., & Cryer, D. (2005). *Early Childhood Environment Rating Scale, Revised Edition, Updated*. New York, NY: Teachers College Press.

Helburn, S. (Ed.). (1995). Cost, quality and child outcomes in child care centers: Technical report. Denver, CO: University of Colorado, Department of Economics, Center for Research in Economic Social Policy.

Henry, G., Ponder, B., Rickman, D., Mashburn, A., Henderson, L., & Gordon, C. (2004, December). *An evaluation of the implementation of Georgia's pre-k program: Report of the findings from the Georgia early childhood study (2002–03)*. Atlanta, GA: Georgia State University, School of Policy Studies, Applied Research Center.

Love, J. M., Constantine, J., Paulsell, D., Boller, K., Ross, C., Raikes, H., . . . , & Brooks-Gunn, J. (2004). *The role of Early Head Start programs in addressing the child care needs of low-income families with infants and toddlers: Influences on child care use and quality*. Washington, DC: U.S. Department of Health and Human Services.

National Association for the Education of Young Children. (2009). *Developmentally appropriate practice in early childhood programs serving children from birth through age 8: A position statement of the National Association for the Education of Young Children*. Washington, DC: Author. Available at www.naeyc.org/positionstatements/dap

National Association for the Education of Young Children, & the Fred Rogers Center for Early Learning and Children's Media at Saint Vincent College. (2012). Technology and interactive media as tools in early childhood programs serving children from birth through age 8. Available at www.naeyc.org/files/naeyc/PS_technology_WEB.pdf

National Council of Teachers of Mathematics. (2007). What is important in early childhood mathematics? Available at www.nctm.org/standards/content.aspx?id=7564

National Council of Teachers of Mathematics. (n.d.). Executive summary: Principles and standards for school mathematics. Available at www.nctm.org/uploadedFiles/Math_Standards/12752_exec_pssm.pdf

National Research Council. (1998). *Preventing reading difficulties in young children*. Washington, DC: The National Academies Press.

National Research Council. (2009). *Mathematics learning in early childhood: Paths toward excellence and equity* Committee on Early Childhood Mathematics, C. T. Cross, T. A. Woods, & H. Schweingruber (Eds.). Center for Education, Division of Behavioral and Social Sciences and Education. Washington, DC: The National Academies Press.

Peisner-Feinberg, E. S., Burchinal, M. R., Clifford, R. M., Culkin, M. L., Howes, C., Kagan, S. L., Yazejian, N., Byler, P., Rustici, J., & Zelazo, J. (1999). The children of the cost, quality and child outcomes in child care centers study go to school: Technical report. Chapel Hill, NC: University of North Carolina at Chapel Hill,

Frank Porter Graham Child Development Center.

Pinto, A. I., Pessanha, M., & Aguair, C. (2013). Effects of home environment and center-based child care quality on children's language, communication and literacy outcomes. *Early Childhood Research Quarterly, 28*, 94-101.

Sabol, T. J., & Pianta, R. C. (2013). Can rating pre-K programs predict children's learning? *Science, 341* (6148), 845-846.

Sabol, T. J., & Pianta, R. C. (2014). Do standard measures of preschool quality used in statewide policy predict school readiness? *Education Finance and Policy, 9* (2), 116-164.

Sammons, P., Sylva, K., Melhuish, E., Siraj-Blatchford, I., Taggart, B., Draghici, D., Toth, K., & Smees, R. (2011). *Effective Pre-School, Primary and Secondary Education Project (EPPSE 3-14) influences on students' development in key stage 3 : Social-behavioural outcomes in year 9 full report.* London, England: EPPSE Project, Institute of Education.

Sylva, K., Melhuish, E., Sammons, P., Siraj-Blatchford, I., & Taggart, B. (2004). *The Effective Provision of Pre-School Education (EPPE) project: Final report: A longitudinal study funded by the DfES 1997-2004.* London, England: Institute of Education, University of London/Department for Education and Skills/Sure Start.

U.S. Consumer Product Safety Commission. (2008). *Public Playground Safety Handbook.* Available at www.cpsc.gov/PageFiles/122149/325.pdf

Whitebook, M., Howes, C., & Phillips, D. (1989). *Who cares? Child care teachers and the quality of care in America.* National child care staffing study. Oakland, CA: Child Care Employee Project.

訳者あとがき

　先に述べたように、私は『保育環境評価スケール①幼児版』と『保育環境評価スケール②乳児版』を用いて、午前中に約3時間の共同観察を行い、午後は結果の検討を行うという形の研修を十数年にわたり続けてきました。「スケールを用いる」という行為は、「観点をもって保育をみる」ことを求めます。そしてその結果を活かすには、「段階的に取り組む」ことです。保育には実に多くのことがらが絡み合い、「総合的」に行われるのですが、その「総合」に切り込んでいくには何かの観点をもち、何が起きているのかを1つ1つ明らかにしなくてはなりません。そして、その1つ1つを少しずつよくしていくことでしか「質の向上」はありえません。

　スケールの背景には、スケールが生まれた社会的・文化的背景があり、ある種の価値観があります。スケールを用いるとは、大げさにいえば、その価値観は日本において是か、非かと常に問い続けることでもあります。そのことで新たにみえてくる日本の保育の様相があります。スケールでは測りきれない「日本の保育のよさ・特徴」がみえることもしばしばあります。逆説的な表現ですが、スケールを用いたからこそ明らかになったといえます。何気なく行ってきたこと、あたりまえだと思っていたこと、スケールを用いることはそれらの意味を改めて問い直すことでもあります。

　本当にたくさんの人に支えられて、2016年にECERS-3の日本語訳を刊行することができました。ここでお名前を記すことはできませんが、みなさまに心よりの感謝をお伝えします。また、遠くからは3人の著者テルマ・ハームス博士、リチャード M. クリフォード博士、デビィ・クレア博士より見守られてきました。それもありがたいことと思います。

　これまでのECERS-RからECERS-3に変わったことがどう受け止められるか、不安と期待が相半ばしますが、また多くのみなさまに「揉まれ」て、使いこなされていくことを心より願ってやみません。また、翻訳についての責はすべて訳者にあります。

埋橋玲子

【追　記】

▶ECERSはアメリカで広く用いられていますが、"ECERSを用いてどのようにコーチングを行うか"が大きな課題となっています。そこで、スケールについて豊かな経験を有し、深い造詣をもつホリー・セプロチャ氏により、時を得た書が出版されました。*Coaching with ECERS*（2019, Teachers College Press）です。その知らせを受け、ただちに翻訳に取りかかり、この度『保育コーチング―ECERSを使って』（埋橋玲子監訳、辻谷真知子・宮本雄太・渡邉真帆訳）として法律文化社より出版しました。本書のコンセプトは「（質を良くするのは）子どものため」です。保育環境評価スケールとともに、日本の保育シーンで活用されることを期待する次第です。　　　　　　　　　　　　　　　　　　　　（2020年6月）

▶2020年に始まった新型ウィルスによるパンデミックは2021年現在未だ終わりの兆しがなく、保育現場にも深刻な影響をもたらしています。スケールの評点に影響が出てきたことも否めません。スケールの項目や指標、ひいては保育のあり方を立ちどまって問い直す時ではないか、と受けとめています。　　（2021年6月）

●著者紹介　　※2015年当時

テルマ・ハームス（Thelma Harms）
　FPG子ども発達研究所カリキュラム開発ディレクター、ノースカロライナ大学チャペルヒル校教育学部名誉研究教授。保育の質の評価に関し世界的に著名である。カリキュラム教材の開発と研修の教材の開発を幅広く行った。アメリカ、カナダ、ヨーロッパ、アジアで現任者研修とコンサルティングで幅広い実績がある。

リチャード M. クリフォード（Richard M. Clifford）
　保育サービスの供給と財源における政府の役割を強調する、子ども・家族政策問題に多くの著書がある。乳幼児期の学びの環境のアセスメントを行い、発達にふさわしい保育実践を明らかにする研究を組織した。元NAEYC会長であり、現在はノースカロライナ大学チャペルヒル校・FPG子ども発達研究所でFirst School Initiative の共同主宰者。

デビィ・クレア（Debby Cryer）
　15年以上にわたり保育のカリキュラム教材とアセスメントの手法の開発に携わってきた。アクティブ・ラーニング・シリーズ（Addison-Wesley発行）の主著者。多様な乳幼児保育のアセスメントに関し卓越した経験をもつ。保育のコストと質の関係についての調査を行い、最近は3歳未満児のケアの継続的な効果についての研究を行っている。

●訳者紹介

埋橋 玲子（うずはし　れいこ）
　大阪総合保育大学・大学院特任教授。FPG子ども発達研究所で本書原著者らによるECERS, ITERS, FDCERSのトレーニングを受けた。ECERS-3、ITERS-3、ECERS-E、SACERS-Uについてそれぞれ『新・保育環境評価スケール①3歳以上』『新・保育環境評価スケール②0・1・2歳』『新・保育環境評価スケール③考える力』『新・保育環境評価スケール④放課後児童クラブ』(法律文化社) として訳出。また、ECERSを素材にしたコーチングの手引き『保育コーチング―ECERSを使って』を監訳。保育現場とオンラインの両方で、保育者とともにスケールを用いた保育研修を行っている。
　〈連絡先〉r-uzuhashi@jonan.ac.jp

【参　考】
　保育環境評価スケールについてわかりやすく説明した一連の動画を配信しています。スコアの付け方についても、そちらをご参照ください。
【1】法律文化社のHPからアクセスすることができます（https://www.hou-bun.com/『新・保育環境評価スケール①』を開き、「関連動画」をクリック）。
【2】下記のQRコードから直接アクセスすることができます。

・YouTube　保育環境評価スケール
　入門編①　それって何？

・YouTube　保育環境評価スケール
　入門編②　とりあえずスコアリング

● 写真撮影にご協力くださいました以下の園に感謝申し上げます （50音順）●
赤碕保育園（鳥取県東伯郡）／あけぼの保育園（石川県金沢市）／稲荷保育園（京都市）／風の子藤水保育園（三重県津市）／College Green Nursery（イギリス）／かたつ保育園（石川県金沢市）／木の実幼稚園（大阪府松原市）／Konomi International Kindergarten（オーストラリア）／摂津市子育て支援センター（大阪府摂津市）／富田保育所（大阪府高槻市）　※名称は2016年当時

Horitsu Bunka Sha

新・保育環境評価スケール①〈3歳以上〉

2016年10月31日　初版第1刷発行
2024年12月20日　初版第8刷発行

著　者	テルマ・ハームス リチャード M. クリフォード デビィ・クレア
訳　者	埋橋玲子
発行者	畑　　光
発行所	株式会社 法律文化社

〒603-8053
京都市北区上賀茂岩ヶ垣内町71
電話 075(791)7131　FAX 075(721)8400
https://www.hou-bun.com/

印刷：西濃印刷㈱／製本：㈱吉田三誠堂製本所
装幀：白沢　正

ISBN 978-4-589-03797-8
ⓒ2016 Reiko Uzuhashi Printed in Japan

ERS®および環境評価スケール®はコロンビア大学
ティーチャーズカレッジの登録商標です。

乱丁など不良本がありましたら、ご連絡下さい。
送料小社負担にてお取り替えいたします。
本書についてのご意見・ご感想は、小社ウェブサイト、
トップページの「読者カード」にてお聞かせ下さい。

JCOPY　〈出版者著作権管理機構　委託出版物〉

本書の無断複写は著作権法上での例外を除き禁じられています。複写される
場合は、そのつど事前に、出版者著作権管理機構（電話 03-5244-5088、
FAX 03-5244-5089、e-mail: info@jcopy.or.jp）の許諾を得て下さい。